O DIREITO CONSTITUCIONAL ECONÔMICO E AS CONSTITUIÇÕES ECONÔMICAS BRASILEIRAS

Gabriela de Carvalho
Rogério Braga

O DIREITO CONSTITUCIONAL ECONÔMICO E AS CONSTITUIÇÕES ECONÔMICAS BRASILEIRAS

Belo Horizonte

2019

© 2019 Editora Fórum Ltda.

É proibida a reprodução total ou parcial desta obra, por qualquer meio eletrônico,
inclusive por processos xerográficos, sem autorização expressa do Editor.

Conselho Editorial

Adilson Abreu Dallari	Floriano de Azevedo Marques Neto
Alécia Paolucci Nogueira Bicalho	Gustavo Justino de Oliveira
Alexandre Coutinho Pagliarini	Inês Virgínia Prado Soares
André Ramos Tavares	Jorge Ulisses Jacoby Fernandes
Carlos Ayres Britto	Juarez Freitas
Carlos Mário da Silva Velloso	Luciano Ferraz
Cármen Lúcia Antunes Rocha	Lúcio Delfino
Cesar Augusto Guimarães Pereira	Marcia Carla Pereira Ribeiro
Clovis Beznos	Márcio Cammarosano
Cristiana Fortini	Marcos Ehrhardt Jr.
Dinorá Adelaide Musetti Grotti	Maria Sylvia Zanella Di Pietro
Diogo de Figueiredo Moreira Neto (*in memoriam*)	Ney José de Freitas
Egon Bockmann Moreira	Oswaldo Othon de Pontes Saraiva Filho
Emerson Gabardo	Paulo Modesto
Fabrício Motta	Romeu Felipe Bacellar Filho
Fernando Rossi	Sérgio Guerra
Flávio Henrique Unes Pereira	Walber de Moura Agra

FÓRUM
CONHECIMENTO JURÍDICO

Luís Cláudio Rodrigues Ferreira
Presidente e Editor

Coordenação editorial: Leonardo Eustáquio Siqueira Araújo
Aline Sobreira de Oliveira

Av. Afonso Pena, 2770 – 15º andar – Savassi – CEP 30130-012
Belo Horizonte – Minas Gerais – Tel.: (31) 2121.4900 / 2121.4949
www.editoraforum.com.br – editoraforum@editoraforum.com.br

Técnica. Empenho. Zelo. Esses foram alguns dos cuidados aplicados na edição desta obra. No entanto, podem
ocorrer erros de impressão, digitação ou mesmo restar alguma dúvida conceitual. Caso se constate algo
assim, solicitamos a gentileza de nos comunicar através do e-mail editorial@editoraforum.com.br para que
possamos esclarecer, no que couber. A sua contribuição é muito importante para mantermos a excelência
editorial. A Editora Fórum agradece a sua contribuição.

Dados Internacionais de Catalogação na Publicação (CIP) de acordo com a AACR2

C331d	Carvalho, Gabriela de
	    O Direito Constitucional Econômico e as constituições
	econômicas brasileiras / Gabriela de Carvalho, Rogério Braga. – Belo
	Horizonte: Fórum, 2019.
	    95p.; 12,0 cm x 18,0 cm
	
	    ISBN: 978-85-450-0645-9
	
	    1. Direito Constitucional. 2. Direito Constitucional Econômico.
	I. Braga, Rogério. II. Título.
	
	                                                       CDD: 341.2
	                                                       CDU: 342

Elaborado por Daniela Lopes Duarte – CRB-6/3500

Informação bibliográfica deste livro, conforme a NBR 6023:2002 da Associação
Brasileira de Normas Técnicas (ABNT):

CARVALHO, Gabriela de; BRAGA, Rogério. *O Direito Constitucional Econômico
e as constituições econômicas brasileiras*. Belo Horizonte: Fórum, 2019. 95p. ISBN
978-85-450-0645-9.

Mestre não é quem sempre ensina, mas quem de repente aprende.
Viver é um rasgar-se e remendar-se.

(Guimarães Rosa)

SUMÁRIO

CAPÍTULO 1

INTRODUÇÃO 11

1.1   Origem formal do constitucionalismo 11

1.2   Contexto de problematização da investigação ... 12

1.3   Objetivos do estudo 15

1.4   Hipóteses e justificação 17

1.5   Métodos e técnicas de pesquisa 17

1.6   Resenha de todos os capítulos 19

CAPÍTULO 2

CONSTITUCIONALIZAÇÃO DA ORDEM
ECONÔMICA 21

2.1   Conceito de constituição econômica 25

2.2   Elementos sociológicos 28

2.3   Democracia 33

2.4   Capitalismo, socialismo e estatismo 36

2.5   Linhas interpretativas da constituição
econômica 38

CAPÍTULO 3

A CONSTITUIÇÃO DA REPÚBLICA
FEDERATIVA DO BRASIL DE 1988 –
PROMULGADA EM 03/10/1988 41

3.1   Fundamento essencial da ordem econômica 43

3.2	Finalidade da ordem econômica	44
3.3	Princípios Constitucionais da ordem econômica	45
3.4	Soberania Nacional Econômica	48
3.5	Liberdade de iniciativa econômica	51
3.6	Livre concorrência e abuso do poder econômico	54
3.7	Princípios de integração	56
3.8	Empresa brasileira e capital estrangeiro	58
3.9	Serviço Público e atividade econômica estatal	59
3.10	Exploração Estatal de atividade econômica	60
3.11	Monopólios	61
3.12	Intervenção no domínio econômico	63
3.13	Planejamento econômico	64

CAPÍTULO 4
A CONSTITUIÇÃO DE 1824 (OUTORGADA POR DOM PEDRO I EM 25/03) – CONSTITUIÇÃO POLÍTICA DO IMPÉRIO ... 67

CAPÍTULO 5
CONSTITUIÇÃO DA REPÚBLICA DOS ESTADOS UNIDOS DO BRASIL (DE 24 DE FEVEREIRO DE 1891) ... 71

CAPÍTULO 6
CONSTITUIÇÃO DA REPÚBLICA DOS ESTADOS UNIDOS DO BRASIL (DE 16 DE JULHO DE 1934) 75

CAPÍTULO 7
A CONSTITUIÇÃO DE 1937 – CONHECIDA COMO POLACA ... 79

CAPÍTULO 8

A CONSTITUIÇÃO DE 1946 – PROMULGADA
EM 18/09 83

CAPÍTULO 9

A CONSTITUIÇÃO REPUBLICANA DE 1967 –
SEMIOUTORGADA EM 24/07 85

9.1   O problema da legitimidade e a Emenda nº 1.... 87

CONCLUSÃO 89

REFERÊNCIAS... 93

CAPÍTULO 1

INTRODUÇÃO

1.1 Origem formal do constitucionalismo

Ab initio, antes de ingressarmos na questão relacionada ao aspecto econômico das Constituições, faz-se mister tecer brevíssimos comentários relacionados à origem formal do constitucionalismo. Nesse diapasão, oportuna a lembrança da lição do professor doutor Jorge Miranda, acerca de definição de direito constitucional, quando citado pelo eminente ministro do Pretório Excelso, Alexandre de Moares, *in Direito Constitucional*, 46ª edição, vazada nos seguintes termos:

> a parcela da ordem jurídica que rege o próprio estado, enquanto comunidade e enquanto poder. É o conjunto de normas (disposições e princípios) que recordam o contexto jurídico correspondente à comunidade política como um todo e aí situam os indivíduos e os grupos uns em face dos outros e frente ao Estado-poder e que, ao mesmo tempo, definem a titularidade do poder, os modos de formação e manifestação da vontade política, os órgãos de que esta carece e os actos em que de concretiza.

Nesse sentido, também estribado nos ensinamentos do douto professor, tem-se que o constitucionalismo possui origem remota na Declaração de Independência e outras declarações dos primeiros estados norte-americanos e depois na própria constituição dos Estados Unidos da América e na Revolução Francesa. Aliás, observa-se que a Constituição Francesa, embora mais extensa, foi fortemente influenciada pela Carta Americana, sendo certo que em ambas há dois alicerces fundamentais, quais sejam, organização do Estado e limitação deste por intermédio das normas de direitos e garantias fundamentais.

1.2 Contexto de problematização da investigação

O art. 170 da Constituição de 1988 reza que a ordem econômica, fundada na valorização do trabalho humano e na livre iniciativa, tem por fim assegurar a todos existência digna, conforme os ditames da justiça social. Alguns desses princípios se revelam mais tipicamente como objetivos da ordem econômica, por exemplo, o da redução das desigualdades regionais e sociais e a busca do pleno emprego.

Vital Moreira assevera que a ordem econômica possui diversos sentidos: "a) em um primeiro sentido, 'ordem econômica' é o modo de ser empírico de uma determinada economia concreta; a expressão, aqui, é termo de um conceito de fato (é conceito do mundo do ser, portanto);o que o caracteriza é a circunstância de referir-se não a um conjunto de regras ou a normas reguladoras de relações sociais, mas sim a uma relação entre fenômenos econômicos e matérias, ou seja, relação entre fatores econômicos concretos; conceito do mundo do ser, exprime a realidade de uma inerente articulação do econômico como fato; b) em um segundo sentido, 'ordem econômica' é expressão que designa o conjunto de todas as normas (ou regras de conduta), qualquer que seja a sua natureza (jurídica, religiosa, moral etc.), que dizem respeito à regulação do comportamento dos sujeitos econômicos; é o sistema normativo (no sentido sociológico) da ação econômica; c)em um terceiro sentido, 'ordem econômica' significa ordem jurídica da economia".[1]

Como ressaltado por José Alfredo Baracho,[2] a "relação entre Constituição e Sistema Econômico e o mesmo Regime Econômico é frequente nas constituições modernas, que contemplam pautas fundamentais em matéria econômica. Chega-se a falar que, ao lado de uma constituição política, reconhece-se a existência de uma constituição econômica".

Consoante Raul Machado Horta,[3] "no enunciado constitucional, há princípios- valores: soberania nacional, propriedade privada, livre concorrência. Há princípios que se confundem com intenções: redução das desigualdades regionais, busca do pleno emprego, tratamento favorecida para as empresas brasileira de capital nacional de pequeno porte (alterado pela EC nº 06/95); função social da propriedade. Há princípios de ação política: defesa do consumidor, defesa do meio ambiente", mas todos podem ser considerados princípios.

---

[1] MOREIRA, Vital. *A ordem jurídica do capitalismo*. 4. Ed. Lisboa: Caminho, 1987, p. 35. (Colecção Universitária, 21).

[2] BARACHO, José Alfredo de Oliveira. O princípio da subsidiariedade: conceito e evolução. *Cadernos de Direito Constitucional e Ciência Política*, nº 19, p. 11.

[3] HORTA, Raul Machado. *Estudos de direito constitucional*. Belo Horizonte: Del Rey, 1995, p. 308.

Em sentido diferente, outros doutrinadores diriam, talvez com mais rigor, que existe aqui uma junção de integração de princípios, pois estes são aceitos simplesmente como princípios e não como programas ideológicos ou políticos.

Assim sendo, tem-se que a Constituição de 1988, por um lado, sugere que o Brasil é um país absolutamente voltado à economia capitalista porque são princípios gerais da economia a propriedade privada e a livre iniciativa, por outro lado, são encontrados na mesma Constituição alguns princípios sociais inafastáveis, tais como a função social da propriedade e a autorização constitucional ao Estado para reduzir as desigualdades regionais e sociais. É nesse sentido ambíguo que se pode usar alguns adjetivos para expressar o significado econômico da Carta Constitucional de 1988, tais como: liberal e social intervencionista, concomitantemente; capitalista e social democrata; e, por fim, neoliberal.

Indaga-se se há aparente antinomia ou contradição das regras inseridas na constituição econômica brasileira ou se é possível dois ditames em sentidos "opostos" conviverem harmonicamente. Por um lado o Estado deve incentivar a livre iniciativa e a propriedade privada, e por outro lado, deve buscar a justiça social, reduzindo as desigualdades; sob uma perspectiva ótica, fala-se em desenvolvimento, sob outra perspectiva, em inclusão social. Dessa forma, quais seriam as soluções apropriadas para fazer valer na realidade o que está expresso na Constituição? Seria possível existir uma democracia efetiva? Como balancear estes objetivos? Como incluir, sem criar obstáculos ao desenvolvimento? Pode-se falar em desenvolvimento, sem que haja avanço na inclusão social? Estas normas foram aplicadas? O que aconteceu com o caráter nacionalista e planejador da Constituição econômica brasileira?

Estas questões já foram amplamente debatidas pela doutrina e jurisprudência, entretanto, merecem ainda um maior detalhamento sobre os estudos realizados, visto que a desigualdade social não só ainda existe, como foi agravada.

1.3 Objetivos do estudo

O objetivo do estudo consiste em realizar uma análise sobre a ordem econômica nas Constituições do Brasil, começando pela Constituição Federal de 1988, momento em que serão abordadas questões relevantes sobre o tema *in generi*. Logo depois, serão apresentadas as anteriores constituições econômicas brasileiras, desde a Constituição do Império de 1824 até a de 1967. Para tanto, foi realizado um amplo estudo bibliográfico, buscando-se analisar a visão de alguns dos mais importantes autores, juristas, economistas, dentre outros, no intuito de apresentar importantes aspectos do sistema econômico brasileiro, bem como o contexto histórico deste.

Será desenvolvido o estudo destinado à atuação estatal no domínio econômico, como elemento normatizador e regulador das atividades econômicas, cumprindo seu papel de fiscalizar, incentivar e planejar o direcionamento do sistema econômico nacional. Para isso, é importante lembrar que o Estado deve se ater à ordem econômica constitucional, tendo por fundamento dois valores principais, quais sejam: a valorização do trabalho humano e da livre iniciativa, com o objetivo de garantir a todos os indivíduos uma existência digna, conforme os preceitos da justiça social.

O Professor Washington Peluso explica o motivo pelo qual as Constituições de 1824 e 1891 não tiveram Constituição Econômica. Eis: "o caráter científico de um tratamento desta natureza oferece-nos a possibilidade de avaliação do dinamismo do direito na busca incessante de coincidência com a realidade, ao mesmo tempo que revela a sua projeção nos fatos futuros que a Carta Magna pretende orientar. Como que, um movimento ondular, ligado à conjuntura social na sua mais ampla manifestação, desenha-se no texto geral da Constituição, porém se reveste de colorido mais intenso na 'Constituição Econômica' em decorrência das próprias características da vida da sociedade atual. A ausência das próprias características da vida da sociedade atual. A ausência da Constituição Econômica nas Cartas liberais de 1824 e 1891 justifica-se pelas mesmas razões de comportamento semelhante nas Constituições dos demais países, até a Carta de Weimar, de 1919. No caso brasileiro, não somente as transformações ideológicas, com a implantação do neoliberalismo, porém as metamorfoses econômicas que se foram intensificando e o efeito externo de modelos políticos diversos tiveram repercussões sensíveis que a observação revela de modo incontestável."[4]

Assim sendo, importa ressaltar que o relatório conferirá um tratamento diferenciado e mais detalhado da constituição econômica de 1988 em razão do relevo atual desta em relação às outras, que serão analisadas em razão de sua importância histórica.

Portanto, por meio do aprofundamento de certas questões importantes da constituição econômica de 1988,

---

[4] SOUZA, Washington Peluso Albino de. A experiência brasileira de Constituição Econômica. *R. Inf. Legisl.*, Brasília, v. 26, nº 102, abr./jun. 1989.

será proporcionado um estudo sobre a base da ordem econômica em geral, os amplos elementos socioideológicos, bem como sobre os diferentes modos de atuação do Estado – capitalismo, socialismo e estatismo.

1.4 Hipóteses e justificação

A pesquisa pressupõe que os princípios constitucionais da Constituição de 1988 atualizada buscam a verdadeira realização da justiça social e da distribuição de renda. E, para isso, é necessária a efetivação da soberania popular com a realização da democracia, num Estado Democrático de Direito. Assim sendo, é mister uma participação mais ampla da sociedade nos processos decisórios, bem como uma atuação mais transparente dos poderes do Estado.

Nesse complexo processo de análise do ordenamento econômico do Estado pode-se concluir que os aspectos referentes à ordem econômica brasileira foram inseridos na Carta Magna da República de 1988 com o objetivo real de estabelecer uma regulação (e suas consequências) da atividade econômica no País.

Portanto, na tentativa de desvendar a ordem jurídica econômica brasileira em todas as Constituições do Brasil e a aparente ambiguidade destas, busca-se detalhar questões, elementos, fundamento, natureza jurídica e finalidade das bases constitucionais econômicas e a atuação do Estado no domínio econômico.

1.5 Métodos e técnicas de pesquisa

Quanto às vertentes metodológicas de pesquisa, o trabalho foi desenvolvido sob a perspectiva jurídico-dogmática, por considerar que o Direito possui autossuficiência metodológica e trabalha com elementos internos ao ordenamento jurídico. Nesse sentido foram desenvolvidas investigações com vista à compreensão das Constituições econômicas brasileiras.

O estudo realizado analisou os conceitos e a aplicação do Direito Constitucional Econômico nas diversas Constituições Econômicas brasileiras, por meio da análise de cada uma separadamente, bem como através da decomposição dos diversos aspectos destas. Trata-se, ainda, de pesquisa teórica, de modo que o procedimento adotado para a elaboração do relatório foi a análise de conteúdo de textos normativos, doutrinários e algumas jurisprudências.

No que se refere aos tipos de investigação, o trabalho utilizou-se do tipo exploratório por meio do levantamento de dados, da bibliografia e coleta de percepções gerais sobre os fenômenos abordados. Empregou-se a investigação comparativa na busca da identificação das semelhanças e diferenças entre as normas e princípios econômicos de cada uma das Constituições Econômicas brasileiras, no intuito de verificar as consequências advindas da aplicação destes.

Ademais, foi aplicado o tipo descritivo/compreensivo no que se refere à perspectiva analítica desenvolvida no decorrer do trabalho e que consistiu na decomposição das bases constitucionais da ordem econômica, dos princípios econômicos constitucionais, bem como, da atuação estatal no domínio econômico, para a interpretação e a devida compreensão das constituições econômicas do Brasil.

1.6 Resenha de todos os capítulos

Visando alcançar as proposições e objetivos descritos nesta introdução teórico-metodológica, foi desenvolvido um trabalho argumentativo com a estrutura lógico-discursiva, que se descreve a seguir.

O Capítulo 2 tratou da Constitucionalização da ordem econômica bem como de como interpretar a constituição econômica.

O Capítulo 3 foi desenvolvido para tratar da Constituição econômica de 1988, descrevendo as bases constitucionais, os elementos socioideológicos, os princípios, o fundamento, a natureza e a finalidade desta. Ademais foi destinado a transcrever a atuação estatal no domínio econômico na atual Carta Magna. O estudo também tratou, em geral, sobre capitalismo, socialismo e estatismo. Em seguida, diferenciou os modos de atuação do Estado na economia. E, por fim, descreveu sobre o planejamento econômico.

Do Capítulo 4 ao 9 serão elencadas cada uma das Constituições brasileiras, a partir da Constituição Imperial brasileira de 1824 até a Constituição de 1967, procurando sempre revelar a constituição econômica destas.

Por fim, foram apresentadas as conclusões do trabalho, que visaram responder aos questionamentos apresentados nesta introdução e, ainda, lançar luzes à continuidade de estudos sobre o polêmico e atual tema, que ainda tem muito a ser compreendido e aceito.

CAPÍTULO 2

CONSTITUCIONALIZAÇÃO DA ORDEM ECONÔMICA

Para André Ramos Tavares, as primeiras Cartas Políticas a possuírem uma Constituição Econômica articulada foram a Mexicana de 1917, a Russa de 1918 e a alemã em 1919, seguindo os ventos dos Estados Sociais, com suas políticas econômicas neoliberais de regulamentação.[5]

Em sentido contrário, José Afonso da Silva afirma que "isso não quer dizer que, nessa disciplina, se colhe necessariamente um 'sopro de socialização'". Não, aqui, como no mundo ocidental em geral, a ordem econômica consubstanciada na Constituição não é senão uma forma econômica capitalista, porque ela se apoia inteiramente na apropriação privada dos meios de produção e na iniciativa privada (art. 170). Isso caracteriza o modo de produção capitalista, que não deixa de ser tal por eventual ingerência do Estado na economia nem por circunstancial exploração direta de atividade econômica pelo Estado

---

[5] TAVARES, André Ramos. *Direito Econômico constitucional*. 2. ed. São Paulo: Método, 2006, p. 360.

e possível monopolização de alguma área econômica, porque essa atuação estatal ainda se insere no princípio básico do capitalismo que é a apropriação exclusiva por uma classe dos meios de produção, e, como é essa mesma classe que domina o aparelho estatal, a participação deste na economia atende a interesses da classe dominante.[6]

Entende-se que a atuação do Estado, assim, não é nada menos do que uma tentativa de pôr ordem na vida econômica e social, de arrumar a desordem que provinha do liberalismo. Mas daí não se conclui necessariamente que tais efeitos beneficiem as classes populares. Sua função consiste em racionalizar a vida econômica, com o que se criam condições de expansão do capitalismo monopolista, se é que tudo já não seja efeito deste capitalismo. É certo, portanto, que de um modo ou de outro, dentro do viés da ordem econômica no seio constitucional, a intervenção do Estado se dá em caráter normativo e com função reguladora, a fim de balizar as iniciativas previstas pelo próprio texto constitucional, tutelando-as em alguns setores.

Para Giovani Clark, o primeiro Texto Constitucional brasileiro a marchar naquela linha foi o de 1934, por intermédio do título da Ordem Econômica e Social, continuada com as demais Cartas Políticas, inclusive a de 1988, através do título da Ordem Econômica e Financeira (arts. 170 a 192 da CF). A partir de 1995, a atual Constituição Econômica brasileira, como algumas Cartas Magnas do mundo ocidental (Portugal e Argentina, por exemplo), teve o seu conteúdo normativo alterado, via Emendas, para

---

[6] SILVA, José Afonso da. *Curso de Direito Constitucional Positivo*. 40. ed. revista e atualizada até a EC nº 95 de 15.12.2016). São Paulo: Malheiros, 2017, p. 800.

admitir expressamente o uso da técnica intervencionista de regulação.[7]

Já para Eros Roberto Grau, as Constituições econômicas não ensejaram na verdade a constitucionalização da ordem econômica, posto que "a ordem econômica, parcela da ordem jurídica, aparece como uma inovação deste século, produto da substituição da ordem jurídica liberal por uma ordem jurídica intervencionista".[8]

Na verdade, o Brasil e os Estados em desenvolvimento possuem uma realidade socioeconômica caótica e perversa à maioria do tecido social, promovidas pelas políticas econômicas genocidas, orquestradas pelas elites nacionais e estrangeiras, em nome da ditadura do mercado e da democracia do dinheiro. As políticas econômicas de regulação são distanciadas dos compromissos sociais e econômicos elencados pelas Constituições Econômicas, além de reforçarem, em bases pós-modernas, o antigo colonialismo.[9]

Assim sendo, um "governo paralelo" que passa por cima da sociedade é estabelecido pelas instituições financeiras internacionais. Os países que não aceitam as "metas de desempenho" são colocados na lista negra. Embora adotado em nome da "democracia" e do chamado "bom governo", o Plano de Aproveitamento Econômico requer o esforço do aparato da segurança interna: a repressão política – em conluio com as elites do Terceiro

---

[7] CLARK, Giovani. Política econômica e Estado. *In*: SOUZA, Wasington Peluso Albino de; CLARK, Giovani. *Questões polêmicas de direito econômico*. São Paulo: LTR, 2008, p. 78.

[8] GRAU, Eros Roberto. *A ordem econômica na Constituição de 1988*, 18. ed. revista e atualizada. São Paulo: Malheiros, 2017, p. 69.

[9] CLARK, Giovani. Política econômica e Estado. *In*: SOUZA, Wasington Peluso Albino de; CLARK, Giovani. *Questões polêmicas de direito econômico*. São Paulo: LTR, 2008, p. 80.

Mundo – apoia um processo paralelo de "repressão econômica". Em todo Terceiro Mundo, a situação é de desespero social e falta de perspectiva futura para uma população empobrecida pelo jogo imperativo das forças de mercado.[10]

Contudo, nos tempos atuais são explícitos os contornos constitucionais da política econômica, sejam dos poderes públicos ou privados, com fins, princípios e objetivos a serem efetivados. Assim sendo, é um poder-dever para os legisladores ordinários, membros dos poderes Executivo e do Judiciário, bem como para a sociedade civil retirar a Constituição Econômica do universo imaginário do dever-ser e implantá-la na difícil e complexa realidade do ser.[11] A respeito, vale lembrar a visão de Hans Kelsen de que a Constituição é norma em estado puro, entendida sob dois vértices, o lógico-jurídico, como norma fundamental hipotética, e o jurídico-positivo, como norma jurídica suprema.

Diante disso, versar sobre as políticas econômicas públicas pelo viés da obediência da Carta Magna é de fundamental importância nesses tempos atuais, onde se questiona o papel do Estado na economia, se valoriza a participação social, e se descobre a magnitude do poder econômico privado, por vezes, bem superior ao público.

Não obstante, em que pese o Direito Constitucional moderno ampliar os matizes das Constituições para fazer inserir a ordem econômica, como um avanço, estribado

---

[10] DINIZ, Arthur José Almeida. Direito Internacional público em crise. *Revista da Faculdade de Direito da UFMG*, Belo Horizonte, nº 46, p. 38-53, jan./jun. 2005.

[11] CLARK, Giovani. Política econômica e Estado. *In*: SOUZA, Wasington Peluso Albino de; CLARK, Giovani. *Questões polêmicas de direito econômico*. São Paulo: LTR, 2008, p. 67-82.

no livre exercício da atividade econômica e na valorização do trabalho humano, o fato é que nesse mesmo texto há uma série de âncoras amarradas nas funções reguladoras e normativas do Estado, que interferem na navegação das regras de mercado, que de uma forma ou de outra tem o condão de promover a produção e o trabalho, ao sabor dos ventos da verdadeira livre iniciativa. Atividades exercidas em caráter de monopólio ou setores que não permitem a atuação de empresas estrangeiras, mesmo que em parte, são aspectos insertos no próprio texto constitucional que evidenciam o impedimento da liberdade de negócios, com nítido prejuízo não só às atividades em si, mas notadamente ao cidadão que se vê privado da escolha e de um serviço ou produto de melhor qualidade, com a melhor tecnologia.

2.1 Conceito de constituição econômica

A doutrina ainda não fixou entendimento seguro sobre o conceito de constituição econômica. Tal conceito não tem sido uniformemente explanado: por detrás da singela ideia de regulação da atividade econômica, que é meramente formal, podem esconder-se variadíssimas matérias, em relação às quais se exige a efetividade de decisões.[12]

José Afonso da Silva reconhece "valor ao conceito de constituição econômica, desde que não se pense que as bases constitucionais da ordem econômica é que definem a estrutura de determinado sistema econômico, pois isso seria admitir que a constituição formal (superestrutura)

---

[12] GOUVEIA, Jorge Barcelar. *Manual de Direito Constitucional*. 5. Ed. Lisboa: Almedina, 2013, v. II, p. 862.

constitua a realidade material (constituição material: infraestrutura). Mas também não se trata de aceitar um determinismo econômico mecânico sobre a realidade jurídica formal. Se esta é forma, toma evidente que recebe daquela os fundamentos de seu conteúdo. Mas a forma também influi na modelagem da matéria. Por fim, aduz que a constituição econômica formal brasileira consubstancia-se na parte da Constituição Federal que contém os direitos que legitimam a atuação dos sujeitos econômicos, o conteúdo e limites desses direitos".[13]

Para Vital Moreira a Constituição econômica é, pois, "o conjunto de preceitos e instituições jurídicas que garantindo os elementos definidores de um determinado sistema econômico, instituem uma determinada forma de organização e funcionamento da economia e constituem, por isso mesmo, uma determinada ordem econômica; ou, de outro modo, aquelas normas ou instituições jurídicas que, dentro de um determinado sistema e forma econômicos, que garantem e (ou) instauram, realizam uma determinada ordem econômica concreta".[14]

O professor Jorge Miranda conclui que a constituição econômica "é o conjunto das normas constitucionais que têm por objecto a dimensão econômica da sociedade política, compreendidas (embora não exclusivamente) na parte II do texto constitucional".[15] Cabe ressaltar que o aludido catedrático se refere aqui à Constituição

---

[13] SILVA, José Afonso da. *Curso de Direito Constitucional Positivo.* 40. ed. revista e atualizada até a EC nº 95 de 15.12.2016). São Paulo: Malheiros, 2017, p. 804.

[14] MOREIRA, Vital. *Economia e Constituição.* Coimbra: Coimbra, 1974, p. 34.

[15] MIRANDA, Jorge. A interpretação da Constituição econômica. Separata do número especial do *Boletim da Faculdade de Direito de Coimbra* – Estudos em Homenagem ao Prof. Doutor Afonso Rodrigues Queiró, p. 1-13, 1986.

portuguesa. Quanto à Constituição econômica brasileira menciona que "encontra-se em dois títulos (o VI e o VII), um sobre tributação e orçamento e outro sobre ordem econômica e financeira. No primeiro, dominam as preocupações de rigor e minúcia, tendo em conta os direitos e garantias dos cidadãos e o equilíbrio entre a União, os Estados e os Municípios. No segundo, um vincado espírito compromissório. Trata-se de uma Constituição econômica moderadamente nacionalista e prevalecentemente liberal (mas com abertura ao pluralismo de sectores de propriedade), talvez nem sempre em sintonia com as incumbências assumidas pelo Estado na ordem social".[16]

Quanto ao Anteprojeto da Comissão Afonso Arinos, o catedrático Jorge Miranda antecipou que: "Mais dificilmente identificável é a Constituição econômica, aparentemente ordenada de acordo com os seguintes princípios (art. 316): valorização do trabalho, liberdade de iniciativa, função social e da empresa, harmonia entre as categorias sociais de produção, pleno emprego, redução das desigualdades sociais e regionais, fortalecimento da empresa nacional, estímulo às tecnologias inovadoras e adequadas ao desenvolvimento nacional. Estes princípios devem ser lidos em conexão com os princípios de ordem social (art. 342). Por um lado, diz-se que a atividade será realizada pela iniciativa privada (art. 318); mas por outro lado, prevê-se a intervenção do Estado sob as múltiplas formas de controle, de estímulo, de gestão directa, de ação supletiva e da participação no capital das empresas (art. 319); organiza-se o planejamento- imperativo para

---

[16] MIRANDA, Jorge. A nova Constituição brasileira. *Revista Brasileira de Direito Comparado*, Rio de Janeiro, v. 4, nº 8, p. 18-38, jan./jun. 1990.

o sector público e indicativo para o privado (art. 324); regula-se o direito à propriedade territorial rural (arts. 331 e segs.), admitindo-se a aquisição de terras públicas por aqueles que as tornem produtivas (art. 335); e, além disso, sujeitam-se os investimentos estrangeiros a regras severas (art. 322) e impõe-se a maioria de capital brasileiro na banca, nas empresas financeiras e nos seguros (art. 327). As formulações são muito menos marcadas do que a Constituição portuguesa e em nenhum preceito, por exemplo, se alude a socialização o a apropriação colectiva de meios de produção. Todavia, uma leitura mais atenta do Anteprojeto (ou a prática, se, acaso, viesse a ser adaptado pela Constituinte) poderia levar a descobrir mais fortes afinidades".[17]

Por fim, entende-se que a constituição econômica pode ser conceituada como o conjunto de normas e princípios que regulam a atividade econômica ou que nela repercutem. E que pode ser constituição econômica formal ou material, sendo que a formal é compreendida como as normas econômicas que estão inseridas na Constituição, e a material abrange todas as normas que versam sobre economia, estejam na Constituição ou não.

2.2   Elementos sociológicos

No Brasil, o liberalismo expressaria a necessidade de reordenação do poder nacional e a dominação das elites agrárias, processo esse marcado pela ambiguidade da junção de formas, liberais sobre estruturas de conteúdo

---

[17]   MIRANDA, Jorge. A transição constitucional brasileira e o Anteprojecto da Comissão Afonso Arinos. *Revista de Informação Legislativa*, Separata, v. 24, nº 94, abr./jun. 1987, p. 37.

oligárquico. Exemplo disso é a paradoxal conciliação "liberalismo-escravidão". O Estado liberal brasileiro nasceu em virtude da "vontade do próprio governo (da elite dominante) e não em virtude de um processo revolucionário". O liberalismo político das oligarquias "fundava-se numa concepção de democracia representativa sem nenhuma relação com a representatividade da vontade popular; tratava-se, ao contrário, de uma concepção elitista que negava às massas incultas a capacidade de participação no processo decisório e atribuía aos homens letrados a responsabilidade exclusiva do funcionamento das instituições democráticas". A tradição das ideias liberais no Brasil não só conviveu, de modo anômalo, com a herança patrimonialista e com a escravidão, como ainda favoreceu a evolução retórica da singularidade de um "liberalismo conservador, elitista, antidemocrático e antipopular", matizado por práticas autoritárias, formalistas, ornamentais e ilusórias.[18]

No século XIX, o manifesto comunista de Karl Marx passou a embasar teoricamente o movimento dos trabalhadores, e, juntamente, com os reflexos do cartismo na Inglaterra e a Comuna de 1871, na França, passam a minar as até então sólidas bases do Estado Liberal. Assim, a partir da Constituição de Weimer de 1919 – que serviu de modelo para inúmeras outras constituições do primeiro pós-guerra, e apesar de ser tecnicamente uma constituição consagradora de uma democracia liberal – houve a crescente constitucionalização do Estado Social de Direito, consubstanciando na importante intenção de converter

---

[18] WOLKMER, Antônio Carlos. Estados, elites e construção do Direito nacional. *In: Historia do Direito no Brasil*. Rio de Janeiro: Forense, 2000. Disponível em: http://historia-direito-ufpr.blogspot.com.br/2008/10/wolkmer-antnio-carlos-estados-elites-e.html. Acesso em: 22.08.2017.

em direito positivo várias aspirações sociais, elevadas à categoria de princípios constitucionais protegidos pelas garantias do Estado de Direito. Tratou-se, portanto, em um primeiro momento da inclusão de conteúdo predominantemente programático nos textos constitucionais, complementando o constitucionalismo nascido com o Estado Liberal de Direito com normas relativas aos direitos sociais e econômicos.[19]

No final do século XX e no início do século XXI, as políticas neoliberais de regulamentação passaram a restringir a expansão e a mobilidade do capital. O novo ambiente mundial de fim da guerra fria, queda do socialismo real e de alta evolução tecnológica resulta impressões por outras políticas econômicas ao gosto dos donos do capital. Os Estados nacionais passam a executar o neoliberalismo de regulação transferindo serviços e atividades econômicas estatais à iniciativa privada (via privatização e desestatização), agora, atraentes ao capital, em face da "redução" de ganhos com a indústria bélica da guerra fria e dos avanços científicos.

Com a regulação, usada como único remédio salvador do mundo e protegida de grandes contestações pela mídia dos "donos do poder", o Estado passou a adotar uma nova técnica de ação na vida econômica, ou seja, o neoliberalismo de regulação. O poder estatal continuou a intervir indiretamente no domínio econômico, através das normas legais (leis, portarias, decretos), assim como de forma intermediária, via agencias de regulação.[20]

---

[19] MORAES, Alexandre de. *Direito Constitucional*. 33. ed. revista e atualizada até a EC nº 95/16. São Paulo: Atlas, 2017, p. 859-860.

[20] FAORO, Raimundo. *Os donos do poder*. 10. ed. São Paulo: Globo; Publifolha, 2000, v. 1, p. 448.

Mais uma vez, as políticas econômicas públicas são modificadas pelos influxos do capital privado. O próprio Estado nacional sofre mutações em seu poder de influenciar e gerir a vida social e econômica dos povos com a passagem do neoliberalismo de regulamentação para o de regulação. Os poderes públicos minimizaram suas forças naquelas áreas e o regramento socioeconômico passou, parcialmente, para os Estados Comunitários, Entes Internacionais e empresas transnacionais.

Giovani Clark conclui que "Diante das discussões alimentadas por defensores de uma 'regulação', como forma de 'modernidade' (traduzindo as predominâncias mais acentuadamente liberais) do Neoliberalismo, ante a figura da regulamentação (que seja comprometido com as técnicas intervencionistas menos acentuadas naquele sentido), deparamos com um panorama de oscilações próprio dessa ideologia mista".[21]

Assim sendo, os elementos socioideológicos das constituições modernas são as normas que revelam o compromisso destas mesclando o Estado liberal e o Estado social intervencionista.[22]

Em apertada síntese, o Estado Liberal estabeleceu a restrição das finalidades estatais, consagrando uma declaração de direitos do homem, com o intuito de proteger o indivíduo contra a usurpação e abusos do poder. Já o Estado Social intervencionista busca minimizar as injustiças

---

[21] CLARK, Giovani. Política econômica e Estado. *In*: SOUZA, Wasington Peluso Albino de; CLARK, Giovani. *Questões polêmicas de direito econômico.* São Paulo: LTR, 2008, p. 71.

[22] SILVA, José Afonso da. *Curso de Direito Constitucional Positivo.* 40. ed. revista e atualizada até a EC nº 95 de 15.12.2016). São Paulo: Malheiros, 2017, p. 801.

e opressões econômicas e sociais que se desenvolveram à sombra do liberalismo.

Esse embate entre o liberalismo, com seu conceito de democracia política, e o intervencionismo ou socialismo repercute nas constituições contemporâneas, com o chamado conteúdo social das constituições. Entretanto, são normas de conteúdo programático a serem desenvolvidas posteriormente pelos legisladores, que na prática são pouco eficazes. Apesar disso, são de grande importância, já que servem como orientação para todos.[23]

Ao determinarem a realização de fins sociais, através da atuação de programas de intervenção na ordem econômica, com vistas à realização da justiça social, conferem à ordem econômica uma relevante função de princípios tendente à democracia, mas ainda distante de uma democracia socialista.[24]

Portanto, dentro de um pensamento dialético e ciente de que as Cartas Magnas foram alteradas em nome da regulação, no plano nacional, as políticas econômicas estatais contemporâneas devem seguir os ditames da Constituição a fim de possibilitar sua eficácia. Assim sendo, a participação dos sindicatos de trabalhadores, dos movimentos consumeristas, das associações ambientalistas e de entidades empresariais na elaboração, execução e contestação das normas de política econômica são primordiais na construção do Estado e da Democracia, bem como na efetivação dos textos constitucionais.

---

[23] MIRANDA, Pontes. *Comentários à Constituição de 1967 com Emenda nº 1 de 1969*. São Paulo: Revista dos Tribunais, 1971, t. 1, p. 127.

[24] NATOLI. *Limiti constituzionali dell'autonomia privada nel rapporto di lavoro*. Milano: Giuffrè, 1952, p. 29.

2.3 Democracia

Como é notório, a democracia tem sua origem na Grécia Antiga, cuja palavra, inicialmente, tem o significado de governo pelo povo (*demos*=povo e *kracia*=governo), o que conduz à afirmativa de que esta forma de governo tem participação essencial do povo, seja direta ou indiretamente. A respeito, observa-se acentuada dicotomia entre dois grandes filósofos, o suíço Jean Jacques Rousseau e o inglês John Locke. Para o primeiro, a democracia deveria se expressar através da modalidade representativa direta, ou seja, com a efetiva participação popular, enquanto Locke pugnava pela democracia com representação político-partidária. Os pensamentos a seguir, evidenciam a concepção de cada um deles:

> Uma sociedade só é democrática quando ninguém for tão rico que possa comprar a alguém e ninguém tão pobre que tenha que se vender a alguém. (Rousseau)
>
> Se o legislativo ou qualquer parte dele compõe-se de representantes escolhidos pelo povo para esse período, os quais voltam depois para o estado ordinário de súdito e só podendo se tornar parte no legislativo mediante nova escolha, este poder também será exercido pelo povo. (Locke)

À parte das discussões de caráter teórico, no mundo atual o que se vê é a prática da democracia representativa com representação parlamentar. Mesmo na França, país que na Revolução Francesa, adotou o método de Rousseau, nos dias de hoje, o que vigora é a representação político-parlamentar. Não obstante, recentemente têm-se visto, talvez pela globalização, talvez pelo aprimoramento e tecnologia dos meios de comunicação, uma democracia que transita pela participação mais incisiva e direta do povo. Exemplo disso foram as eleições de Barack Obama para presidente dos EUA, quando ganhou a primeira eleição de John McCain praticamente com o uso das redes sociais, fenômeno que se repetiu quatro anos após quando derrotou Mitt Rommey. No Brasil em 2018, deu-se situação similar quando Jair Bolsonaro venceu com o uso de tuítes e Facebook. Isso, sem dúvida denota uma maior vitalidade do cidadão no trâmite do processo eleitoral, na medida em que é destinatário do pensamento político dos candidatos e ao mesmo tempo protagonista no processo eleitoral, eis que participante ativo no mundo virtual. Não é demasiado dizer que tal contexto empodera o eleitor, na medida em que os recursos financeiros vultosos ficam à deriva, enquanto o "tête-à-tête" com o eleitor adquire dimensão significativa e decisiva no pleito.

Em outro aspecto, há a teoria de Karl Marx sobre a verdadeira democracia, na qual ele a concebe como uma manifestação do uno, em que há a simbiose do universal com o particular, com união das esferas entre a política e o social, de forma que o dualismo perene do mundo, do ser, cede lugar à reunião de forma e conteúdo, em que material e formal se fundem, de modo que a comunidade é a expressão política da democracia. Como bem lembrado por Thamy Pogrebinschi em trabalho publicado na Revista Brasileira de Ciências Sociais, Vol. 22, nº 63, "a excepcionalidade do conceito marxiano de democracia se encontra revelada nas palavras de Engels", de 1845, insertas em um texto intitulado *O festival das Nações*, em Londres:

> Não estamos falando sobre a democracia real que a Europa inteira apressa-se em adotar e que consiste em uma democracia bastante especial, diferente de todas as democracias anteriores. Estamos falando sobre uma

democracia bastante diferente que representa o meio-
-termo entre as democracias grega, romana, americana
e francesa: em resumo, estamos falando sobre o conceito
de democracia. Não estamos falando sobre as coisas que
pertencem ao século XIX, e que são ruins e efêmeras, mas
sobre categorias que são eternas e que existiam antes de
as montanhas terem sido criadas. Em suma, não estamos
discutindo aquilo sobre o que se tem falado, mas uma
coisa bastante diferente.

Não obstante a profundidade teórica do conceito
de Marx, do ponto de vista pragmático, essa coesão de
vetores em uma sociedade moderna é absolutamente
inviável, daí a importância da democracia efetiva. Há
nos dias atuais, em diversos países, notadamente nas
Américas Latina e Central, o exercício da democracia
formal, em que existem sufrágios, o Congresso nacional
atua, a imprensa é supostamente livre, a Suprema Corte
decide, tudo sugerindo um arcabouço de legalidade
institucional, mas no âmago o que ocorre é a expressão de
uma convergência de forças egressas do Poder Executivo
Central que domina e manipula tanto o Congresso, como a
Suprema Corte. Esta última através de indicações espúrias
em conluio com sistema vigente; a impressa é manietada
de suas prerrogativas, não raro com fechamentos de
jornais de oposição, multas astronômicas que impedem
a livre iniciativa, dentre outras sanções dissimuladas e o
Congresso é tutelado por intermédio de eleições dirigidas
no sentido de formar a maioria esmagadora a favor do
Estado, que de forma reiterada, modifica a Constituição,
quando isso converge com os interesses dos donos do
poder. Nessas situações, o que se encontra é, de fato,
uma eleição forjada, com todos os instrumentos legais
aparentes, mas que reproduzem a eleição ou reeleição do

mesmo segmento político, contrariando desta forma uns dos princípios basilares da democracia que é a alternância no poder.

2.4 Capitalismo, socialismo e estatismo

A constituição mostra que fez a opção capitalista no art. 170, *caput* e incisos II e IV,[25] bem como em seu art. 173.[26] Mas apesar disso, abre caminho às transformações da sociedade com base em alguns instrumentos e mecanismos sociais e populares que consagrou nos moldes do Estado Democrático de Direito.

Entretanto, a Constituição deveria ter construído uma sociedade nacional popular pós-capitalista, em que transitoriamente se combina, conflitualmente, as forças do socialismo, do capitalismo e do estatismo, como a realidade histórica mostra ser possível e talvez o modo plausível de superar o capitalismo selvagem.[27]

Embora o capitalismo agasalha-se na livre iniciativa e na apropriação privada dos meios de produção, não significa que a supressão delas, só por si, leve ao socialismo, já que este implica o controle e o domínio

---

[25] Art. 170. A ordem econômica, fundada na valorização do trabalho humano e na livre iniciativa, tem por fim assegurar a todos existência digna, conforme os ditames da justiça social, observados os seguintes princípios:
II – propriedade privada;
IV – livre concorrência;

[26] Art. 173. Ressalvados os casos previstos nesta Constituição, a exploração direta de atividade econômica pelo Estado só será permitida quando necessária aos imperativos da segurança nacional ou a relevante interesse coletivo, conforme definidos em lei.

[27] SILVA, José Afonso da. *Curso de Direito Constitucional Positivo.* 40. ed. revista e atualizada até a EC nº 95 de 15.12.2016). São Paulo: Malheiros, 2017, p. 814.

social do desenvolvimento das forças produtivas pelos próprios trabalhadores.[28] Mas, pode levar a uma sociedade pós-capitalista consubstanciada num modo de produção diverso que Samir Amin denomina estatismo ou modo de produção estatista.

O capitalismo e Estado sempre foram interdependentes. Aliás, como ensina Huberman, o Estado atual foi formatado para possibilitar o incremento das atividades comerciais nascentes, em síntese do capitalismo, sobretudo no velho continente europeu.[29]

Em síntese, política econômica estatal é um conjunto de decisões públicas dirigidas a satisfazer as necessidades sociais e individuais, com um menor esforço, diante de um quadro de carência de meios. É, ainda, uma das espécies do gênero políticas públicas.[30]

Os dois problemas do estatismo são: o primeiro é que nem sempre importa na libertação do homem, não raro é despótico, tecnocrático, burocrático e gerador de uma nova classe dominante, como se reconhece no Estado produzido pela revolução russa, sem negar que o estatismo, assim mesmo, pode revelar-se uma força de progresso na medida em que constitua uma ruptura com a mundialização. O segundo é que não se sabe exatamente para onde irá, se não será um novo sistema de classes, se não se transformará pura e simplesmente num capitalismo de Estado (e existem fortes sintomas nessa direção), o

---

[28] SILVA, José Afonso da. *Curso de Direito Constitucional Positivo.* 40. ed. revista e atualizada até a EC nº 95 de 15.12.2016). São Paulo: Malheiros, 2017, p. 815.

[29] HUBERMAN, Leo. *História da riqueza do homem.* Trad. Waltensir Dutra. 21. ed. Rio de Janeiro: Guanabara, 1986, p. 313.

[30] DERANI, Cristiane. Política pública e a norma política. *Revista da Universidade Federal do Paraná,* Curitiba, nº 41, p. 19-28, jul. 2004.

que será a consolidação de nova classe (tecnocrática e burocrática) dominante que importe na superexploração dos trabalhadores, ou se constituirá mesmo uma transição para o socialismo ou apenas se tratará de um impasse, ou até mesmo se regredirá a uma nova forma de capitalismo como perestroika e outras aberturas.[31]

A estatização no Brasil foi uma espécie de estatização no nível dos interesses das chamadas classes produtoras, o empresariado, os capitalistas. Constitui-se, em verdade, numa alavanca de sustentação da frágil classe empresarial brasileira. Mas esta estatização irracional, que importou especialmente em acudir situações desastrosa da iniciativa privada demonstrou que esse tipo de participação do Estado na economia não só não beneficiou o progresso social das classes trabalhadoras, como até o prejudicou e o comprimiu.

2.5 Linhas interpretativas da constituição econômica

Observação mais atenta desde logo revela dissensões fundamentais de princípios, deixando à prática política e à hermenêutica a sua final absorção e conciliação. Refletem, no entanto, elementos correspondentes à evolução dos conceitos, valores e dos próprios fatos, os quais o legislador constituinte não pode ignorar sob pena de falsear o objetivo primacial da Constituição, deixando de atender à realidade política, econômica e social do país a que se destina, em qualquer época ou circunstância.

---

[31] SILVA, José Afonso da. *Curso de Direito Constitucional Positivo*. 40. ed. revista e atualizada até a EC nº 95 de 15.12.2016). São Paulo: Malheiros, 2017, p. 815.

Em apertada síntese, as cinco grandes linhas interpretativas da Constituição econômica podem ser identificadas assim:[32]

a) Certos autores encontraram na Constituição um modelo econômico socialista ou mesmo socialista marxista, em termos idênticos àqueles que constam das Constituições dos países do Leste Europeu.

b) Outros autores divisam na Constituição um modelo de economia de transição para o socialismo, com respeito pelo princípio democrático. A transição é obrigatória, é um resultado que se impõe; porém, o meio de a efetuar depende da vontade popular. (No seu âmago, o princípio socialista é um mandado constitucional juridicamente vinculativo, que não deixa qualquer discricionariedade quanto ao "se" da atuação, mas apenas e dentro de certos limites quanto ao "como").

c) Tal como a anterior, uma terceira corrente considera na Constituição dois princípios fundamentais: o democrático e o de transição para o socialismo, ou de socialização, ou de democracia econômica e social. Contudo, distingue-se dela por afirmar peremptoriamente a prevalência do princípio democrático.

d) Se a segunda corrente coloca os princípios democrático e socialista no mesmo patamar e

---

[32] MIRANDA, Jorge. A interpretação da Constituição econômica. Separata do número especial do *Boletim da Faculdade de Direito de Coimbra* – Estudos em Homenagem ao Prof. Doutor Afonso Rodrigues Queiró, p. 1-13, 1986.

a terceira dá prevalência ao primeiro sem negar um sentido específico ao princípio socialista ou da democracia econômica e social, uma quarta corrente vem reduzir o socialismo a mero princípio programático e não cogente, a mera afirmação indefinida e susceptível de abranger um amplo conteúdo.

e) Uma última posição é a dos que consideram que na Constituição não se descobre nenhuma lógica, nenhum sistema coerente; existe nela uma contradição insanável entre a concepção ocidental de democracia pluralista e uma concepção marxista de socialismo.

Das diversas teses citadas acima, conclui-se por mais correta a de letra c), que por sinal foi a acolhida sistematicamente pelos órgãos de fiscalização da constitucionalidade.

CAPÍTULO 3

A CONSTITUIÇÃO DA REPÚBLICA FEDERATIVA DO BRASIL DE 1988 – PROMULGADA EM 03/10/1988

A Constituição da República de 1988 é a sexta constituição brasileira em um século de república. Até junho de 2017 foram acrescentadas 102 emendas, sendo 96 emendas constitucionais e seis emendas constitucionais de revisão.[33]

A Carta de 1988 introduziu várias inovações que podem ser apontadas a começar pela divisão do título em capítulos, como acima referido, porém igualmente por destinar o Capítulo I aos "Princípios Gerais da Atividade Econômica", no lugar da simples referência a "princípios", incluída em artigo introdutório. Com essa medida de natureza técnica contribuiu mais claramente para a caracterização da Constituição Econômica, pois, embora ela não signifique a intenção de uma Carta à parte, destacada do texto em geral que naturalmente se mantém íntegro e oferece à temática da "Ordem Econômica" elementos

---

[33] BRASIL. Constituição de 1988. Disponível em: http://www.planalto.gov.br/ccivil_03/constituicao/constituicao.htm. Acesso em: 29.08.2017.

para embasamento de 'teoria geral', ou de "fundamentos" próprios. Estes, sem se chocar com o texto geral, permitem referências a uma hermenêutica específica. Efetivamente, a interpretação do texto da constituição econômica, ou seja, do título da "Ordem Econômica", há de se basear nos princípios da técnica de legislar sobre o tema econômico e de interpretá-lo juridicamente, fazendo-o em referência aos elementos gerais da Carta em que está inserido.

Em uma rápida comparação com as Constituições anteriores, percebe-se que a constituição de 1988 teve uma técnica sistematizadora mais apurada, melhor explicitação de determinados temas com o desdobramento em incisos, artigos e parágrafos, evitando o uso de letras para as subdivisões. Desta forma, a Constituição Econômica passou a dispor de elementos formais e de maior consistência. Apesar destes aspectos positivos, exige ponderação o fato de o legislador constituinte se ter mostrado tímido nas afirmativas, recorrendo ao velho estratagema de relegar à lei ordinária ou especial o verdadeiro "comando" e mantendo-se na expressão programática. Como se sabe, uma das características da moderna técnica de legislar constitucionalmente é a de superar tais expedientes. Tanto que institutos como o da inconstitucionalidade por omissão ou o próprio mandado de injunção, incluído nesta Carta, são dados como remédios contra aquele recurso protelatório dos efeitos das conquistas introduzidas na Lei Fundamental. Realmente, o legislador de 1988 caracterizou-se por esta timidez, pois para os 22 artigos e 51 incisos, nada menos de 34 têm sua aplicação relegada a 39 leis.[34]

---

[34] SOUZA, Washington Peluso Albino de. A experiência brasileira de Constituição Econômica. *R. Inf. Legisl.*, Brasília, v. 26, nº 102, abr./jun. 1989.

As bases constitucionais do sistema econômico brasileiro atual encontram-se nos arts. 170 a 192 da Constituição Federal da República de 1988 – CF, compreendidos em quatro capítulos: um sobre os princípios da atividade econômica (CF, arts170 a 181); outro sobre a política urbana (CF, arts. 182 a 183); um terceiro sobre a política agrícola e fundiária e sobre a reforma agrária (CF, arts.184 a 191); e, finalmente, um quarto sobre o sistema financeiro nacional (CF, art.192).

3.1 Fundamento essencial da ordem econômica

A Constituição tenta equilibrar, pela via jurídica, a injustiça natural surgida do capitalismo (iniciativa privada), ao declarar que "a ordem econômica nacional é fundada na valorização do trabalho humano e na iniciativa privada", visando priorizar os valores do trabalho humano sobre todos os demais. Esta providência constitucional, dentre outras inseridas com a Constituição de 1988, forma agora valores da economia de mercado.

Em que pese se tratar de declaração de princípios, essa prioridade tem o sentido de orientar a intervenção do Estado na economia a fim de fazer valer os valores sociais, tornando, assim, menos abstrata a promessa de justiça do Estado. Este é um fundamento determinante essencial que impõe não somente na Constituição econômica, mas na própria República Federativa do Brasil. Portanto, apontam apenas para um compromisso entre o poder político liberal tradicional e as reivindicações populares de justiça social, em que pese nem sempre com eficácia capaz de atender estas reivindicações. Embora se trate apenas de um compromisso dotados destes elementos socioideológicos, pretendem a realização da justiça social.

3.2 Finalidade da ordem econômica

A finalidade da ordem econômica é proporcionar uma justiça social. E, um regime de justiça social será aquele em que cada um deve poder dispor dos meios materiais para viver confortavelmente segundo as exigências de sua natureza física, espiritual e política. A Constituição econômica não aceita as profundas desigualdades, a pobreza absoluta e a miséria.

A ordem econômica, segundo a Constituição, tem por finalidade assegurar o reconhecimento dos direitos sociais, como instrumentos de promoção de uma existência digna a todos, conforme os ditames da justiça social, observados os menos favorecidos. Entretanto, a declaração de que a ordem econômica tem por fim assegurar a todos existência digna, só por si não tem significado substancial, já que a análise dos princípios que informam essa mesma ordem não garante a efetividade daquele fim.[35]

Consoante Josaphat Marinho, a ordem econômica constitucional prevê algumas medidas e princípios que poderão sistematizar o campo das atividades criadoras e lucrativas e reduzir desigualdades e anomalias diversas, na proporção em que as leis se convertem em instrumentos reais de correção das contradições de interesses privados. "Mas, desses princípios e medidas advêm soluções de transição, apenas moderadoras dos excessos do

---

[35] SILVA, José Afonso da. *Curso de Direito Constitucional Positivo*. 40. ed. revista e atualizada até a EC nº 95 de 15.12.2016). São Paulo: Malheiros, 2017, p. 803.

capitalismo. São fórmulas tecnocráticas e neocapitalistas, que não suprimem as bases da ordem econômica individualista, fundada no poder privado de domínio dos meios de produção e dos lucros respectivos."

A justiça social só se realiza mediante a distribuição equitativa da riqueza. Um regime de acumulação ou de concentração do capital e da renda nacional, que resulta da apropriação privada dos meios de produção, não propicia efetiva justiça social, porque nele sempre se manifesta grande polaridade de classe social.

No tocante à ordem econômica ter como consequência a justiça social, Manoel Gonçalves Ferreira Filho observa que esta expressão "justiça social" não possui um sentido unívoco, contudo seu uso é divulgado especialmente pela doutrina social da Igreja, podendo ser considerada como a "virtude que ordena para o bem comum todos os atos humanos exteriores."

Também nesta esteira de raciocínio, Eros Roberto Grau menciona que a "justiça social, inicialmente quer significar superação das injustiças na repartição, a nível pessoal do produto econômico (...) passando a consubstanciar exigência de qualquer política econômica capitalista".[36]

3.3 Princípios Constitucionais da ordem econômica

Para José Afonso da Silva, os Princípios da Constituição Econômica, na verdade, são os princípios constitucionais da ordem econômica, tais como:

---

[36] GRAU, Eros Roberto. *A ordem econômica na Constituição de 1988*. 18. ed. revista e atualizada. São Paulo: Malheiros, 2017, p. 221.

soberania nacional; propriedade privada; função social da propriedade; livre concorrência; defesa do consumidor; defesa do meio ambiente – inclusive mediante tratamento diferenciado conforme o impacto ambiental dos produtos e serviços e de seus processos de elaboração e prestação; redução das desigualdades regionais e sociais; busca do pleno emprego; tratamento favorecido para as empresas de pequeno porte constituídas sob as leis brasileiras e que tenham sua sede e administração no país. São estes princípios que irão pautar as atividades do Estado no âmbito econômico, sendo o Estado competente para normatizar, disciplinar, incentivar, planejar, regular e fiscalizar a atividade econômica.[37]

Cabe registrar que alguns desses princípios são tecnicamente objetivos da ordem econômica e não princípios, por exemplo, o da redução das desigualdades regionais e sociais e a busca do pleno emprego. Mas todos podem ser considerados princípios na medida em que constituem preceitos condicionadores da atividade econômica.

Por que, ao debater sobre o futuro art. 170 da CF, os constituintes elencaram a livre-iniciativa e o trabalho como valores estruturantes da ordem econômica? Por que foram qualificados como princípios da ordem econômica enunciados que também são encontrados em outros títulos da Constituição, tais como a soberania nacional, a propriedade privada, a defesa do consumidor e a defesa do meio ambiente? Aliás, por que elencar como princípios esses enunciados e não outros, talvez até mais

---

[37] SILVA, José Afonso da. *Curso de Direito Constitucional Positivo*. 40. ed. revista e atualizada até a EC nº 95 de 15.12.2016). São Paulo: Malheiros, 2017, p. 805-806.

A CONSTITUIÇÃO DA REPÚBLICA FEDERATIVA DO BRASIL DE 1988 – PROMULGADA EM 03/10/1988

importantes para a configuração jurídico-política de uma ordem econômica?

Tais questionamentos e muitos outros, passados 30 anos, perderam-se no tempo e, em certa medida, retomá-los faz pouco sentido prático. Afinal de contas, desde 1988 o esforço hermenêutico realizado pelos operadores do direito sedimentou em muito o que significam os enunciados do art. 170, bem como em que medida se articulam com outros enunciados da Constituição. Por sua vez, o legislador constituinte derivado, faz quase 22 anos, não mais alterou o texto desse artigo, o que também lhe conferiu uma estabilidade infelizmente não gozada por outros dispositivos constitucionais.

Porém, se por um lado perquirir a respeito das intenções do legislador constituinte não traz ganho prático imediato, por outro relembrá-las serve para identificar possíveis mudanças de sentido que essas escolhas sofreram ao longo dos anos, especialmente dos últimos tempos, em que se vivencia uma radical transformação nos sistemas econômicos, que decorre de bruscas mudanças na gestão das economias, tanto desenvolvidas como emergentes, nos processos de circulação das mercadorias, no consumo, nos níveis de desenvolvimento econômico e na própria divisão do trabalho.[38]

A Constituição de 1988 optou pelo modelo capitalista de produção, também conhecido como economia de mercado (art. 219), cuja base é a livre iniciativa. Consagrou, também, uma economia descentralizada, de mercado, sujeita a forte atuação do Estado de caráter normativo e regulador, permitindo que o Estado explore diretamente

---

[38] CLÉVE, Clemerson Merlin. *Direito Constitucional Brasileiro; Constituições econômicas e sociais*. São Paulo: Revista dos Tribunais, 2014, p. 163-164.

atividade econômica quando necessário aos imperativos de segurança nacional ou a relevante interesse coletivo.[39]

Porém, a análise dos quatro princípios que norteiam a ordem econômica, consagrados no art. 170, com a nova redação que lhe deu a Emenda Constitucional nº 06/1995, com fundamentos na valorização do trabalho humano e na livre iniciativa, e com a finalidade de assegurar a todos existência digna, conforme os ditames da justiça social, apontam no sentido da ampla possibilidade do intervir na economia, e não somente em situações absolutamente excepcionais.

Portanto, em que pese entendimentos divergentes de alguns doutrinadores, conclui-se que o Estado tem amplas condições de intervir na economia, desde que seja nos termos dos princípios constitucionais da ordem econômica.

3.4 Soberania Nacional Econômica

O primeiro destes princípios é a repetição do princípio da soberania nacional, que constitui também um fundamento da República Federativa do Brasil (art. 1º, inc. I da CF/88), com ênfase na área econômica. E figura-se como um dos elementos constitutivos do Estado, sendo seu elemento formal que implica em supremacia na ordem interna e independência na ordem externa. Porém, sua inserção na ordem econômica diz respeito à formação de um capitalismo nacional autônomo e sem ingerências, o que não supõe o isolamento econômico perante as demais nações.

---

[39] MORAES, Alexandre de. *Direito Constitucional*. 33. ed. revista e atualizada até a EC nº 95/16. São Paulo: Atlas, 2017, p. 860.

O professor José Alfredo de Oliveira Baracho, ensina de forma sucinta que: "soberania econômica é a atribuição de determinar seu sistema econômico e de dispor de seus recursos naturais".

A empresa brasileira de capital nacional seria a campeã, em última análise, escolhida para defender os interesses do Brasil contra os aspectos mais negativos da progressiva integração econômica que, a época da Assembleia Constituinte, já podiam ser vislumbrados, dentre ele a redução da autonomia política do país ante manifestações do poder econômico, exercido notadamente por empresas multinacionais.[40]

Uma espécie de "modismo" se foi consolidando na medida em que o pensamento oficial, depois de afirmar e refletir que as empresas multinacionais são benéficas à economia nacional, dependendo apenas de se saber como com elas conviver, chegou a um ponto mais avançado desta tese, como forma de fortalecimento da pequena empresa a fim de se evitar o abuso do poder econômico pelas mais fortes.[41]

Com o advento da Emenda Constitucional nº 06/1995 (que além de revogar o conceito de empresa brasileira de capital nacional, trata da autorização para pesquisa e lavra de recursos minerais, inclusive por empresa constituída sob as leis brasileiras, com sede e administração no Brasil); da EC nº 07/1995 (ordenação do transporte aéreo); bem como da EC nº 08/1995 (flexibilização do monopólio da União no setor de telecomunicações); e da EC nº 09/1995

---

[40] CLÉVE, Clemerson Merlin. *Direito Constitucional Brasileiro; Constituições econômicas e sociais*. São Paulo: Revista dos Tribunais, 2014, p. 173.

[41] SOUZA, Washington Peluso Albino de. A experiência brasileira de Constituição Econômica. *R. Inf. Legisl.*, Brasília, v. 26, nº 102, abr./jun. 1989.

(flexibilização do monopólio da União na exploração do petróleo), surge novo ambiente político e econômico e o conceito de soberania nacional passa a se vincular menos com o levantamento de barreiras comerciais e mais em assegurar o acesso, com igualdade de condições do empresariado brasileiro aos mercados de outros países, pois aumentar as trocas internacionais e gerar riqueza passa a fazer mais sentido em termos de proteção aos interesses do país que o modelo originariamente vislumbrado pelos constituintes.

Essa nova redação importa em modificação profunda no conceito de empresa brasileira, mormente tendo em vista a revogação do art. 171 da Constituição, por força da mesma EC, que estabelecia a distinção entre empresa brasileira de capital nacional e empresa brasileira, fazendo com que caíssem por terra todas as prerrogativas originariamente estabelecidas em prol daquelas. A retórica isonômica passou a vigorar entre o capital nacional e o estrangeiro, igualando desiguais. Basta dizer que o principal banco federal de desenvolvimento, o BNDES – Banco Nacional de Desenvolvimento Econômico e Social concedeu crédito subsidiado a empresas estrangeiras para comprarem ações de empresas estatais brasileiras no curso do processo de privatização.

Isto foi suficiente para que grande parte do setor minerário fosse aberto ao capital estrangeiro. Era o que bastava se instalar no Brasil, criando-se aqui uma sede e realizando a administração do empreendimento, sendo irrelevante, pelo novo critério, que o controle da empresa estivesse ou não nas mãos do capital nacional.

Por outro lado, a crise econômica de 2008 demonstrou que a suposta "erosão" do poder político das

A CONSTITUIÇÃO DA REPÚBLICA FEDERATIVA DO BRASIL DE 1988 – PROMULGADA EM 03/10/1988

entidades nacionais, decorrente da decantada globalização econômica, não passou pela tese da realidade.[42]

Para o professor José Afonso, "ou a burguesia nacional compreende o sentido das normas constitucionais e empreende a soberania econômica nacional, ou corre o risco de, numa outra etapa posterior, um novo constituinte assumir, em definitivo, a tese da desconexão que significa desvencilhar os critérios de racionalidade das escolhas econômicas internas daqueles que governam o sistema mundial. Pois, se a burguesia é incapaz de desconectar, e se só uma aliança popular deve e pode convencer-se que a desconexão é uma necessidade incontrolável de todo projeto de desenvolvimento popular, a dinâmica social deve conduzir a inscrever o projeto popular numa perspectiva para a qual não encontramos outro qualitativo senão o socialismo".[43]

Portanto, cabe à burguesia nacional empreender a soberania econômica nacional, o que implica em supremacia na ordem interna e independência na ordem externa, com a formação de um capitalismo nacional autônomo e sem ingerências, bem como sem isolamento econômico perante as demais nações.

3.5 Liberdade de iniciativa econômica

A liberdade de iniciativa envolve o livre exercício de qualquer atividade econômica, a liberdade de trabalho, ofício ou profissão além da liberdade de contrato. Tavares

---

[42] CLÉVE, Clemerson Merlin. *Direito Constitucional Brasileiro; Constituições econômicas e sociais*. São Paulo: Revista dos Tribunais, 2014, p. 175.

[43] SILVA, José Afonso da. *Curso de Direito Constitucional Positivo*. 40. ed. revista e atualizada até a EC nº 95 de 15.12.2016). São Paulo: Malheiros, 2017, p. 807.

afirma que "o postulado da livre-iniciativa (...) uma conotação normativa positivada, significando a liberdade garantida a qualquer cidadão, e uma outra conotação que assume viés negativo, impondo a não intervenção estatal, que só pode se configura mediante atividade legislativa (...)".[44]

A respeito do livre exercício da atividade econômica, salientou Eros Roberto Grau que "inúmeros são os sentidos, de toda sorte, podem ser divisados no princípio, em sua dupla face, ou seja, enquanto liberdade de comércio e indústria e enquanto liberdade de concorrência. A este critério classificatório acoplando-se outro, que leva à distinção entre liberdade pública e liberdade privada, poderemos ter equacionado o seguinte quadro de exposição de tais sentidos: a) liberdade de comércio e indústria (não ingerência do Estado no domínio econômico): a.1) faculdade de criar e explorar uma atividade econômica a título privado – liberdade pública; a.2) não sujeição a qualquer restrição estatal senão em virtude de lei – liberdade pública; b) liberdade de concorrência: b.1) faculdade de conquistar a clientela, desde que não através de concorrência desleal – liberdade privada; b.2) proibição de formas de atuação que deteriam a concorrência – liberdade privada; b.3) neutralidade do Estado diante do fenômeno concorrencial, em igualdade de condições dos concorrentes – liberdade pública".[45]

Ives Gandra da Silva Martins, convidado a participar de uma das sessões da Subcomissão, esclareceu que "(...) a livre-iniciativa conduz ao monopólio, num certo

---

[44] TAVARES, André Ramos. *Direito Econômico constitucional*. 2. ed. São Paulo: Método, 2006, p. 248.

[45] GRAU, Eros Roberto. *A ordem econômica na Constituição de 1988*, 18. ed. revista e atualizada. São Paulo: Malheiros, 2017, p. 197-201.

grau, conduz à formação de grandes conglomerados, o que não implica em que a pequena e média empresa desapareçam, mas, são simplesmente levadas a certos setores da economia, convivem com o monopólio, passam a depender do monopólio".[46] Não obstante, em contraponto, há manifestação reguladora do Estado como agente normativo, como se constata pela redação do art. 149 do texto constitucional.

A intervenção estatal nas relações privadas se torna cada vez mais forte ocorrendo a insuficiência da separação entre Direito Público e Privado, pois interesses privados também se tornam interesses públicos e vice-versa. E para assegurar esse último, o Estado passa intervir nas relações privadas, mitigando a autonomia privada e estabelecendo certos limites à liberdade contratual em busca da justiça social. Nesse sentido, destaca Ada Pelegrini Grinover: "Atualmente, o excesso de liberalismo cede lugar às exigências da ordem pública econômica e social, que prevalecem sobre o individualismo, funcionando como limitador da autonomia individual, no interesse da coletividade".

Ao conferir à livre iniciativa a natureza de princípio, importa reconhecer em sua base a liberdade como um dos fatores estruturantes da ordem jurídica justa. Implica, outrossim, na garantia de uma conduta subsidiária do Estado na atividade econômica e uma atuação positiva na disposição de limites em busca da preservação e realização do interesse da coletividade.

A disciplina de propriedade privada (e do trabalho, da livre-iniciativa e demais balizas), ganha contornos não

---

[46] ASSEMBLEIA NACIONAL CONSTITUINTE. *Diário da Assembleia Nacional Constituinte*, Suplemento, p. 136.

só acumulativos (garantir a manutenção do excedente nas mãos de quem o produz), mas também distributivos, no momento em que o constituinte optou por dar um fim, um destino a esse acúmulo, que passa não apenas por considerações individualistas.

Assim sendo, mesmo os princípios da ordem econômica com programas normativos de menor densidade normativa encontram aplicações extremamente relevantes, não vislumbradas pelo legislador constituinte originário, numa autêntica mutação constitucional, de grande valia à permanência da Constituição enquanto diploma norteador da ordem econômica.

3.6 Livre concorrência e abuso do poder econômico

A livre concorrência, configurada no art. 170, IV, como um dos princípios da ordem econômica, constitui livre manifestação da liberdade de iniciativa, devendo, inclusive, a lei infraconstitucional reprimir o abuso do poder econômico que vise à dominação dos mercados, à eliminação da concorrência e ao aumento arbitrário dos lucros (art. 173, §4º).

O mercado não existe sem o direito; seu desenvolvimento dar-se-á nos espaços deixados pelas regras jurídicas. A imagem do mercado esboça-se a partir do reflexo dos princípios constitucionais que o delineiam. Em uma frase: os princípios constitucionais são a forma que primeiramente moldará o mercado.

Assim sendo, se existem regras no jogo econômico, os princípios listados no art. 170 são as balizas fundamentais, enquanto componentes importantes a contribuir para a criação e manutenção de um ambiente institucional propício à realização e intensificação das trocas econômicas.[47]

No que tange, à configuração do ambiente institucional almejado pelo constituinte, talvez a defesa da concorrência seja uma das balizas mais relevantes. Isso porque o combate ao poder de mercado significa não só coibir condutas anticoncorrenciais (conluios, carteis, vendas casadas, preços predatórios etc...), mas também refrear a estrutura de mercado que distorçam a livre entrada e saída de agentes dos mercados relevantes (combate aos monopólios, oligopólios, por exemplo).[48]

Cabe esclarecer, na verdade, é que não existe mais economia de mercado nem livre concorrência, desde que o modo de produção capitalista evolui, quase que espontaneamente, para as formas oligopolistas. Falar hoje em economia descentralizada, como economia de mercado, é tentar encobrir uma realidade palpável de natureza diversa.[49]

Portanto, a economia está centralizada nas grandes empresas e em seus agrupamentos, daí o porque ser praticamente ineficaz a legislação tutelar da concorrência. É uma realidade que não se modificará com mera determinação legal formal, senão com as transformações de seus próprios fundamentos.

---

[47] CLÉVE, Clemerson Merlin. *Direito Constitucional Brasileiro; Constituições econômicas e sociais*. São Paulo: Revista dos Tribunais, 2014, p. 165.

[48] CLÉVE, Clemerson Merlin. *Direito Constitucional Brasileiro; Constituições econômicas e sociais*. São Paulo: Revista dos Tribunais, 2014, p. 178.

[49] SILVA, José Afonso da. *Curso de Direito Constitucional Positivo*. 40. ed. revista e atualizada até a EC nº 95 de 15.12.2016). São Paulo: Malheiros, 2017, p. 809-810.

3.7 Princípios de integração

O princípio de integração é a soma dos princípios da defesa do consumidor, da defesa do meio ambiente, da redução das desigualdades regionais e sociais, da busca do pleno emprego, onde todos são dirigidos a resolver os problemas da marginalização regional ou social.[50]

Em suma, o intuito da defesa do consumidor é garantir a segurança do consumo, da saúde e dos interesses dos consumidores ante o poder dos fornecedores, mormente aqueles que dominam mercados. Desse modo, tanto hoje em dia como na época dos trabalhos constituintes, importa mencionar que a defesa dos consumidores está vinculada em muito à defesa da concorrência.[51]

No que tange à defesa do meio ambiente, a Constituição Federal trata de forma ampla no Título VIII – Da ordem social; capítulo VI (art. 225). Observe-se que, para esse fim, a EC nº 42/03 ampliou a defesa do meio ambiente, prevendo como princípio da ordem econômica a possibilidade de tratamento diferenciado conforme o impacto ambiental dos produtos e serviços e de seus processos de elaboração e prestação. Isso tem o efeito de condicionar a atividade produtiva ao respeito do meio ambiente e possibilita a intervenção estatal para que a exploração econômica preserve a ecologia.

Assim sendo, se por um lado o ambiente institucional nascido a partir da Constituição de 1988 concretiza determinados anseios dos constituintes, por outro, essa concretização lança sombra sobre outras aspirações. Essa

---

[50] SILVA, José Afonso da. *Curso de Direito Constitucional Positivo*. 40. ed. revista e atualizada até a EC nº 95 de 15.12.2016). São Paulo: Malheiros, 2017, p. 811.

[51] CLÈVE, Clemerson Merlin. *Direito Constitucional Brasileiro; Constituições econômicas e sociais*. São Paulo: Revista dos Tribunais, 2014, p. 182.

A CONSTITUIÇÃO DA REPÚBLICA FEDERATIVA DO BRASIL DE 1988 – PROMULGADA EM 03/10/1988

contradição merece respostas, por certo a partir do debate político em um ambiente democrático, porém esse debate, apesar de relevante, sequer começou.[52]

Com relação à redução das desigualdades regionais e sociais, esta constitui também um dos objetivos fundamentais da República Federativa do Brasil (art. 3º, inciso III). Espera-se que as potencialidades transformadoras da redução de desigualdades regionais não levem ao desenvolvimento "a qualquer custo", que degrade o meio ambiente e não só frustre o disposto no inciso VI do art. 170 (defesa do meio ambiente), como hipoteque o futuro das gerações vindouras, ao retirar validade normativa, em última análise, do próprio art. 225 da Constituição.

A busca do pleno emprego é um princípio diretivo da economia que se opõe às políticas recessivas. Pleno emprego é expressão abrangente da utilização, ao máximo grau, de todos os recursos-produtivos. Mas aparece, no art. 170, VIII, especialmente no sentido de propiciar trabalho a todos quantos estejam em condições de exercer uma atividade produtiva. Trata-se do pleno emprego da força de trabalho capaz. Ele se harmoniza, assim, com a regra de que a ordem econômica se funda na valorização do trabalho humano. Isso impede que o princípio seja considerado apenas como mera busca quantitativa, em que a economia absorva a força de trabalho disponível, como o consumo absorve mercadorias. Quer-se, portanto, que o trabalho seja a base do sistema econômico, receba o tratamento de principal fator de produção e participe do produto da riqueza e da renda em proporção de sua posição na ordem econômica.

---

[52] CLÉVE, Clemerson Merlin. *Direito Constitucional Brasileiro; Constituições econômicas e sociais*. São Paulo: Revista dos Tribunais, 2014, p. 181.

É plenamente válido afirmar que a "Constituição de 1988 não é capaz de, por si só, alterar a dura realidade de um país que quer superar os seus traumas, os seus problemas, os seus déficits de justiça. Mas apresenta de qualquer forma uma moldura institucional, num quadro de valores e princípios, um universo de direitos para favorecer a emergência da transformação societária".[53]

Assim sendo, cumpre ressaltar a força da mobilização da população que, buscando proteção sob o manto da Constituição, geram pressão, resultando em transformações sociais necessárias adaptadas à realidade.

3.8 Empresa brasileira e capital estrangeiro

Por certo, as Constituições dos países alta ou razoavelmente capitalizados não têm necessidade de consignar este tema em tão elevada importância. Porém, os países chamados "periféricos", aqueles que gravitam na dependência de economias desenvolvidas, buscam assegurar-se de proteção que permite transações explorativas tornadas praxes nas suas relações com o capital internacional.

A Constituição de 1988 prevê a possibilidade de participação do capital estrangeiro em instituições financeiras, consoante dispõe o art. 192, III; e, o art. 170, IX, com redação da EC 6/95 oferece princípios a serem obedecidos pela legislação ordinária, que "disciplinará, com base no interesse nacional, os investimentos de capital estrangeiro, incentivará os reinvestimentos e regulará a remessa de lucros", o que apenas constitui o exercício regular da soberania nacional, sem caráter xenofóbico.[54]

---

[53] CLÉVE, Clemerson Merlin. *Direito Constitucional Brasileiro; Constituições econômicas e sociais*. São Paulo: Revista dos Tribunais, 2014, p. 183.

[54] SILVA, José Afonso da. *Curso de Direito Constitucional Positivo*. 40. ed. revista e atualizada até a EC nº 95 de 15.12.2016). São Paulo: Malheiros, 2017, p. 813.

A CONSTITUIÇÃO DA REPÚBLICA FEDERATIVA DO BRASIL DE 1988 – PROMULGADA EM 03/10/1988

Com exceção do período entre 1946 e 1964, quando vigorou uma completa liberdade de acesso de instituições estrangeiras ao sistema financeiro nacional, sempre houve no Brasil regras restritivas, seja à entrada de bancos estrangeiros, seja às suas condições operacionais no mercado local. Atualmente, a autorização para entrada de capital no setor decorre do art. 52 do Ato das Disposições Constitucionais Transitórias, com a redação dada pela EC nº 40/03.[55]

3.9 Serviço Público e atividade econômica estatal

O art. 21, X e XII, e os arts. 173 e 174 distinguem a atividade econômica estatal em prestadora de serviço público ou exploradora de serviço público e exploradora de atividade econômica, respectivamente. A primeira entra no conceito da descentralização do serviço público através de concessão, permissão e autorização. O modo de gestão desses serviços do estado é discricionário, ou seja, pode ser por delegação (concessão e permissão) a uma empresa privada ou pode constituir uma empresa pública ou sociedade de economia mista.

Cabe ressaltar que a EC nº 08/95 abriu a possibilidade de exploração dos serviços de telecomunicações

---

[55] Art. 52. *Até que sejam fixadas as condições do art. 192, são vedados:*
I – a instalação, no País, de novas agências de instituições financeiras domiciliadas no exterior;
II – o aumento do percentual de participação, no capital de instituições financeiras com sede no País, de pessoas físicas ou jurídicas residentes ou domiciliadas no exterior.
Parágrafo único. A vedação a que se refere este artigo não se aplica às autorizações resultantes de acordos internacionais, de reciprocidade, ou de interesse do Governo brasileiro.

também por empresas privadas (art. 21, incisos XI e XII). Nota-se que orientações recentes doutrinárias destacam os inconvenientes da gestão de serviços públicos através de empresários privados, postulando uma transformação do atual regime de "discricionariedade organizativa" em favor da exclusiva gestão administrativa de serviços públicos. Esclarece-se que a discricionariedade da Administração Pública deveria se limitar pela finalidade do próprio serviço, incompatível com técnicas baseadas no lucro mercantil pelas exigências de absoluto controle de benefícios e mesmo de participação dos usuários a direção ou nos resultados, mediante diminuição de tarifas.

O art. 175 estabelece os princípios do regime da concessão e permissão de serviços públicos a empresas particulares, declarando que a outorga depende de licitação e que a lei disporá sobre tais empresas.

Cabe registrar que o tratamento dado às atividades relacionadas com os serviços públicos e que extrapolam as funções administrativas clássicas do regime liberal, quando são transferidos aos particulares pelos regimes de concessão ou de permissão têm sido incluídos na Constituição Econômica Brasileira desde 1934 (Const. de 1934, arts. 136 e 137; 1937, arts. 146 e 147; 1946, 151; 1967, art. 160; EC nº 1969, art. 167; 1988, art. 155).

3.10 Exploração Estatal de atividade econômica

A expressão exploração direta da atividade econômica pelo Estado abrange todas as entidades estatais (União, Estados, Distrito Federal e Municípios). Quando a Constituição emprega a palavra "Estado", no sentido de ordenação jurídica soberana, refere-se a todas as unidades integrantes da República Federativa do Brasil. Quando não quer assim, menciona especificamente a União, ou qualquer outra unidade da Federação. Para José Afonso, "isso não cabe só à União, como alguns autores entendem".

Os instrumentos de participação do Estado na economia são a empresa pública, a sociedade de economia mista e outras entidades estatais e paraestatais, como são as subsidiárias daquelas. As empresas e entidades que explorem atividade econômica deverão ter sua criação autorizada por lei específica, assim como depende de autorização legislativa, em cada caso, a criação de suas subsidiárias (art. 37, XIX e XX), cabendo à lei complementar definir as áreas de sua autuação (art. 37, XIX, enunciado da EC 19/98), a qual estabelecerá o seu estatuto jurídico.

3.11 Monopólios

Para Washington Peluso, a redação mais permanente reúne-se à existência de lei que permite à "União monopolizar, determinada indústria ou atividade econômica" (Const. 1934, art. 116). O texto de 1946 acrescenta a delimitação finalística de que a "intervenção terá por base o interesse público e por limite os direitos fundamentais assegurados nesta Constituição" (art. 146). A Carta de 1967 inclui "os motivos de segurança nacional ou para organizar setor que não possa ser desenvolvido com eficiência no regime de competição e de liberdade de iniciativa, assegurados os direitos e garantias individuais" (art. 157, VI, repetindo-se na Emenda Constitucional de 1969, art. 160, V). O texto de 1988 dispõe que "só será permitida quando necessária nos imperativos da segurança nacional ou a relevante interesse coletivo, conforme definidos em lei", e a define como "exploração direta de atividade econômica pelo Estado" (art. 173).

E ainda complementa, o citado mestre: a atuação do Estado na economia foi estabelecida em várias normas, tendo-se distinguido entre os campos de atuação do Estado na atividade econômica, de forma supletiva, e aqueles em que o Estado deveria atuar prioritariamente enquanto executor de serviços públicos. Ali a intenção era delimitar onde era o campo de atuação prioritário do Estado (prestação de serviços públicos) no qual a iniciativa privada poderia atuar de forma supletiva, e aquele em que a atuação dos agentes privados seria prioritária, cabendo ao Estado um papel supletivo.

Em sentido contrário, José Afonso da Silva entende que há duas formas de exploração direta da atividade econômica pelo Estado, no Brasil. Uma é o monopólio e a outra quando o exigir a segurança nacional ou interesse coletivo relevante, conforme definidos em lei (art. 173). Não se trata aqui de participação suplementar ou subsidiária da iniciativa privada. Se ocorrerem aquelas exigências, será legítima a participação estatal direta na atividade econômica, independentemente de cogitar-se de preferência ou de suficiência da iniciativa privada.

Já com relação ao monopólio, a Constituição prevê que a lei reprimirá o abuso do poder econômico que vise à dominação dos mercados, à eliminação da concorrência e ao aumento arbitrário dos lucros, de onde depreende-se que é contra o monopólio. O monopólio é reservado somente para as hipóteses estritas indicadas no art. 177, com a flexibilização introduzida pela EC nº 9/95.

A flexibilização do monopólio das atividades constantes dos incisos I à IV do art. 177 (em três áreas básicas: petróleo, gás natural e minério ou minerais

3.12 Intervenção no domínio econômico

nucleares) foi estabelecida com certo cuidado, primeiro porque não opera diretamente da norma constitucional, mas de lei (Lei nº 9.478/97); segundo porque a própria Constituição impôs conteúdo à lei no sentido da preservação de privilégios do monopólio, consoante o §2º introduzido pela EC nº 9/95 ao art. 177 da Constituição Federal de 1988.

3.12 Intervenção no domínio econômico

São duas as atividades interventivas estatais: a participação – quando o Estado é administrador de atividades econômicas – (arts. 173 a 177) e a intervenção (art. 174).

Embora o texto constitucional de 1988 consagre uma economia descentralizada de mercado, autorizou o estado a intervir no domínio econômico como agente normativo e regulador, com a finalidade de exercer as funções de fiscalização, incentivo e planejamento indicativo ao setor privado, sempre com fiel observância aos princípios constitucionais da ordem econômica está "sujeita a uma ação do Estado de carácter normativo e regulador."

Aprofundando-se nas posições do Estado interventor, apresenta-o como agente normativo e regulador, com as funções de fiscalização, incentivo e planejamento (art. 174). Mais ligado às funções disciplinares do Estado, é introduzido no texto de 1988 um dado que se contrapõe às tradicionais resistências da doutrina societária brasileira, em estender a aceitação da personalidade jurídica da empresa, estabelecendo a responsabilidade da própria empresa, separando-a daquela dos seus dirigentes, sujeitando-as às punições compatíveis com a sua natureza, nos atos praticados contra a ordem econômica e financeira e contra a economia popular (art. 173, § 5º).

3.13 Planejamento econômico

A Carta magna de 1988 considerou o Planejamento de modo mais incisivo, apesar de apresentá-lo em meio a outras funções do Estado intervencionista. Por isto mesmo, merece tratamento em destaque, em virtude dos próprios detalhes ali oferecidos.

É o processo técnico que se traduz juridicamente em planos, nos art. 174, §1º, art. 48, IV e arts. 48, II e 165, §4º, consubstanciando aí nos princípios do planejamento estrutural.

O constituinte entendeu que o planejamento é peça chave para a democracia real, já que não haverá democracia real onde não exista um mínimo de organização econômica planejada visando a realização dos interesses populares, sendo, pois, uma forma de dirigismo estatal.

O planejamento econômico na Constituição de 1988 é tão importante que é vedado o início de qualquer investimento cuja execução ultrapasse um exercício financeiro sem sua prévia inclusão no plano plurianual, sob pena de incursão em crime de responsabilidade (art. 167, §1º).

Assim, para a elaboração da "peça técnica", como se chama o projeto do plano a ser discutido, cuidadoso trabalho de sua divulgação deverá ser efetuado para que a população esteja devidamente inteirada, tanto da situação atual com referência ao item a ser discutido e aceito, adiado ou reprovado, no tocante às possibilidades técnicas e orçamentárias. A participação popular traz novas exigências administrativas que os municípios tradicionalmente não possuem. A atuação das oposições exige dispositivos que evitem bloqueios ou impossibilidade de satisfação em tempo legal para os passos da sua efetivação. A colheita direta da opinião pública sobre cada problema deve garantir o verdadeiro objetivo por ela expedido, livre de manipulações e de efeitos artificiais decorrentes de propaganda enganosa, influências demagógicas e assim por diante, tão presentes na cultura política nacional.[56]

---

[56] SOUZA, Wasington Peluso Albino de. O Estatuto da Cidade e o planejamento. *In*: SOUZA, Wasington Peluso Albino de; CLARK, Giovani. *Questões polêmicas de direito econômico*. São Paulo: LTR, 2008, p. 83-102.

CAPÍTULO 4

A CONSTITUIÇÃO DE 1824 (OUTORGADA POR DOM PEDRO I EM 25/03) – CONSTITUIÇÃO POLÍTICA DO IMPÉRIO

A Constituição de 1824 foi a primeira Constituição brasileira. Outorgada pelo Imperador D. Pedro I, caracterizou-se pelo liberalismo em relação aos direitos individuais (sob a inspiração da Constituição Francesa de 1791) e pelo absolutismo na organização de poderes. A monarquia constitucional do Império no Brasil foi um equilíbrio relativamente estável, pois durou 65 anos, entre o princípio representativo, gerador de um parlamentarismo *sui generis*, introduzido nos mecanismos institucionais, e o princípio absolutista, dissimuladamente preservado com prerrogativas de poder pessoal, de que era titular o Imperador, em cujas mãos se acumulava, tanto em termos formais como efetivos, o exercício de dois poderes: o Executivo e o Moderador. A monarquia foi, um largo passo para a estreia formal definitiva de um Estado Liberal, vinculado, todavia, a uma sociedade escravocrata, aspecto que nunca se deve perder de vista no exame das instituições imperiais.[57]

Inegavelmente, o traço marcante deste diploma é a institucionalização do Estado brasileiro, que se afirmava independe. Naturalmente, trazia elementos ideológicos muito ligados ao seu passado recente, ou seja, vinculados a uma estrutura jurídica, social e cultural que se manteve: a Monarquia. De outro lado, essa institucionalização recebia influência da corrente ideológica em voga: o Liberalismo.

Com efeito, ao Executivo, Legislativo e Judiciário, acrescentou o Poder Moderador, de que era titular o Imperador. Assim, a primeira Constituição nacional apresentava resquícios ideológicos do regime pretérito, ao mesmo tempo em que adotava alguns imperativos ideológicos do liberalismo, deixando, assim, transparecer a natureza jurídica, política e ideológica do sistema institucional que se pretendia alcançar.

Com a fundação dos princípios basilares do pensamento liberal, a exigência de lei é um traço ideológico marcante deste Diploma. Art. 179, XXII "É garantido o Direito de Propriedade em toda a sua plenitude. Se o bem publico legalmente verificado exigir o uso, e emprego da Propriedade do Cidadão, será elle préviamente indemnisado do valor della. A Lei marcará os casos, em que terá logar esta unica excepção, e dará as regras para se det erminar a indemnisação".[58]

Portanto, conquanto não se possa se equiparar a Constituição brasileira de 1824 à de um estado burguês, tendo em vista a presença do elemento Monárquico, seus

---

[57] BONAVIDES. *Curso de Direito Constitucional*. 32. ed. atualizada até a EC nº 95, de 15.12.2016. São Paulo: Malheiros, 2017, p. 370-372.

[58] BRASIL. Constituição de 1824. Disponível em: http://www.planalto.gov. br/ccivil_03/constituicao/constituicao91.htm. Acesso em: 25.08.2017.

privilégios e seu modo de produção agrário, podemos, sim, asseverar pela implementação, ainda que incipiente, de ideais liberais que, posteriormente, apresentarão reflexos na política econômica de produção capitalista.

CAPÍTULO 5

CONSTITUIÇÃO DA REPÚBLICA DOS ESTADOS UNIDOS DO BRASIL (DE 24 DE FEVEREIRO DE 1891)

A elaboração da constituição brasileira de 1891 iniciou-se em 1889. Após um ano de negociações, a sua promulgação ocorreu em 24 de fevereiro de 1891. Esta constituição vigorou durante toda a República Velha e sofreu apenas uma alteração em 1926. Foi a segunda constituição do Brasil e primeira no sistema republicano de governo, marcando a transição da monarquia para a república.

Com o advento da República, o Brasil ingressou na segunda época constitucional de sua história. Mudou-se o eixo dos valores e princípios de organização formal do poder. Os novos influxos constitucionais deslocavam o Brasil constitucional da Europa para os Estados Unidos, das Constituições francesas para a Constituição norte-americana, de Montesquieu para Jefferson e Washington, da Assembleia Nacional para a Constituinte de Filadélfia e depois para a Suprema Corte de Marshall, e do pseudoparlamentarismo inglês para o presidencialismo americano.

Converteu-se com a Constituição de 1891 num Estado que possuía a plenitude formal das instituições liberais.[59]

Visando fundamentar juridicamente o novo regime, a primeira constituição republicana do país foi redigida à semelhança dos princípios fundamentais da carta estadunidense, embora os princípios liberais democráticos oriundos daquela Carta tivessem sido em grande parte suprimidos. Isto ocorreu porque as pressões das oligarquias latifundiárias, por meio de seus representantes, exerceram grande influência na redação do texto desta constituição, daí surgindo o Federalismo, objetivo dos cafeicultores paulistas para aumentar a descentralização do poder e fortalecer oligarquias regionais, esvaziando o poder central, especialmente o militar.

Ao extinguir os privilégios – no art. 72, em seu §2º: "Todos são iguais perante a lei. A Republica não admitte privilegios de nascimento, desconhece fóros de nobreza, e extingue as ordens honoríficas existentes e todas as suas prerogativas e regalias, bem como os titulos nobiliarchicos e de conselho"; bem como em seu §23: "Á excepção das causas, que por sua natureza, pertencem a juizos especiaes, não haverá fóro privilegiado" – percebe-se o toque da mudança política.[60]

Quanto à propriedade, porém, era reconhecida e respeitada, mesmo para os que ficaram despojados desses títulos, pois, sem exceção, "o direito de propriedade é mantido em toda a sua plenitude, salvo a desapropriação

---

[59] BONAVIDES. *Curso de Direito Constitucional*. 32. ed. atualizada até a EC nº 95, de 15.12.2016. São Paulo: Malheiros, 2017, p. 372-373.

[60] BRASIL. Constituição de 1891. Disponível em: http://www.planalto.gov.br/ccivil_03/constituicao/constituicao91.htm. Acesso em: 25.08.2017.

por necessidade ou utilidade pública, mediante indenização prévia" (art. 72, §17).[61]

Com o avançar das engrenagens históricas, pode-se citar esta inicial dicotomia entre o interesse público e o privado como um estágio primitivo de uma compreensão que se consolidou posteriormente, a partir da Segunda Guerra Mundial, e que produziu seus efeitos na apreensão da propriedade privada como inviolável, desde que socialmente produtiva.

---

[61] BRASIL. Constituição de 1891. Disponível em: http://www.planalto.gov.br/ccivil_03/constituicao/constituicao91.htm. Acesso em: 25.08.2017.

CAPÍTULO 6

CONSTITUIÇÃO DA REPÚBLICA DOS ESTADOS UNIDOS DO BRASIL (DE 16 DE JULHO DE 1934)

Os quatro anos antecedentes à Constituição de 1934 foram extremamente conturbados, tanto pelas constantes tentativas da elite de São Paulo "Café com Leite" de recuperar o poder, quanto por sinceros descontentamentos populares contra um governo não constitucional, visto que Vargas governava por decretos. Esses dois eixos deram força à Revolução ou Contrarrevolução Constitucionalista de 1932, capitaneada por São Paulo e Rio Grande do Sul. Embora fracassada, a revolta foi decisiva para que Vargas, em que pese relutante, autorizasse a elaboração de uma nova Carta, cuja inspiração foi a Constituição de Weimar, da Alemanha. Embora a Constituição de 1934 seja considerada um texto de regime democrático, ao contrário do de 1937, a Constituição de 1934 foi elaborada e promulgada durante um período quase ditatorial, onde o presidente provisório Getulio Vargas, após derrubar o presidente Washington Luís em 1930 com um golpe militar, efetivamente governava como um autocrata.

Paulo Bonavides ensina que: "Nela se insere uma penetração de uma nova corrente de princípios, até então ignorados do direito constitucional positivo vigente no País. Esses princípios consagram um pensamento diferente em matéria de direitos fundamentais da pessoa humana, a saber, faziam ressaltar o aspecto social, sem dúvida grandemente descurado pelas Constituições antecedentes. Neste texto, colhe-se um profundo influxo do constitucionalismo alemão do século XX, que parte da Constituição de Weimar como da Lei Fundamental, decisiva na caracterização dos rumos sociais do novo Estado constitucional brasileiro de 1934".[62]

Ademais, constituiu um marco decisivo no tratamento dos elementos ideológicos de sentido econômico nos textos constitucionais brasileiros, ao modificar o discurso constitucional dedicando um título à concentração de artigos com os quais define a Ordem Econômica e Social (Título IV, arts. 115 a 143).[63]

Somente a partir da Carta de 1934, foi que o tema se incorporou "à ordem econômica", mesmo assim de modo muito tímido ao determinar que a mesma deveria ser organizada conforme os princípios da justiça e da vida nacional de modo que possibilite a todos existência digna. Acrescentava que, "dentro destes limites, é garantida a liberdade econômica" (art. 115).[64] Tem-se, portanto, o sentido de "liberdade econômica" diferenciado do de

---

[62] BONAVIDES. *Curso de Direito Constitucional*. 32. ed. atualizada até a EC nº 95, de 15.12.2016. São Paulo: Malheiros, 2017, p. 374 e 376.

[63] http://www.planalto.gov.br/ccivil_03/constituicao/constituicao34.htm

[64] "Art. 115 – A ordem econômica deve ser organizada conforme os princípios da Justiça e as necessidades da vida nacional, de modo que possibilite a todos existência digna. Dentro desses limites, é garantida a liberdade econômica."

"liberdade" em geral, que nas Constituições liberais era assegurada sem restrições.

Inaugurou o Brasil a terceira grande época constitucional de sua história; época marcada por crises, golpes de Estado, insurreições, impedimentos, renúncia e suicídio de Presidente, bem como queda de governos, repúblicas e Constituições. Sua mais recente manifestação formal veio a ser a Carta de 5 de outubro de 1988.[65]

A Constituição de 1934 teve vida curta e não passou de um período agônico e transitório de reconstitucionalização do País, feita em bases precárias, debaixo de uma tempestade ideológica e logo tolhida pelo golpe de 1937.

---

[65] BONAVIDES. *Curso de Direito Constitucional*. 32. ed. atualizada até a EC nº 95, de 15.12.2016. São Paulo: Malheiros, 2017, p. 374.

CAPÍTULO 7

A CONSTITUIÇÃO DE 1937 – CONHECIDA COMO POLACA

A Constituição Brasileira de 1937 outorgada pelo presidente Getulio Vargas em 10 de novembro de 1937, mesmo dia em que implanta a ditadura do Estado Novo, é a quarta Constituição do Brasil e a terceira da república de conteúdo pretensamente democrático. Será, no entanto, uma carta política eminentemente outorgada mantenedora das condições de poder do presidente Getulio Vargas.

Foi a primeira republicana autoritária que o Brasil teve, atendendo a interesses de grupos políticos desejosos de um governo forte que beneficiasse os dominantes e mais alguns, que consolidasse o domínio daqueles que se punham ao lado de Vargas. A principal característica dessa constituição era a enorme concentração de poderes nas mãos do chefe do Executivo. Seu conteúdo era fortemente centralizador, ficando a cargo do presidente da República a nomeação das autoridades estaduais, os interventores. A esses, por sua vez, cabia nomear as autoridades municipais.

A essência autoritária e centralista da Constituição de 1937 a colocava em sintonia com os modelos fascistizantes de organização político-institucional então em voga em diversas partes do mundo, rompendo com a tradição liberal dos textos constitucionais anteriormente vigentes no país. Recebeu apelido de "Polaca" por ter sido inspirada no modelo semifascista polonês, era extremamente autoritária, e concedia ao governo poderes praticamente ilimitados. Foi redigida pelo jurista Francisco Campos, ministro da Justiça do novo regime e obteve a aprovação prévia de Vargas e do ministro da Guerra, general Eurico Gaspar Dutra.

Na área econômica, criaram-se durante o Estado Novo inúmeros conselhos e órgãos técnicos cuja função era promover estudos e discussões, assessorar o governo na elaboração e na execução de suas decisões, e ainda propiciar o acesso de setores empresariais ao aparelho estatal. A tendência à intervenção na atividade econômica, expressa no aparecimento das primeiras companhias estatais, fez com que, a partir de 1937, ficasse difícil separar o binômio Estado e economia.

A Constituição Republicana de 1937 foi mais incisiva sobre a "intervenção do Estado no domínio econômico".[66] Utilizou francamente desta expressão,[67] embora mantendo o sentido liberal supletivo que o próprio Adam Smith havia admitido dizendo que a intervenção só se legitima para

---

[66] BRASIL. Constituição de 1937. Disponível em: http://www.planalto.gov.br/ccivil_03/constituicao/constituicao37.htm. Acesso em: 25.08.2016.

[67] Art. 135 – Na iniciativa individual, no poder de criação, de organização e de invenção do indivíduo, exercido nos limites do bem público, funda-se a riqueza e a prosperidade nacional. A *intervenção do Estado no domínio econômico* só se legitima para suprir as deficiências da iniciativa individual e coordenar os fatores da produção, de maneira a evitar ou resolver os seus conflitos e introduzir no jogo das competições individuais o pensamento dos interesses da Nação, representados pelo Estado. A intervenção no domínio econômico poderá ser mediata e imediata, revestindo a forma do controle, do estimulo ou da gestão direta.

suprir as deficiências da iniciativa individual e coordenar os fatores de maneira a evitar ou resolver os seus conflitos e introduzir no jogo das competições individuais o pensamento dos interesses da Nação, representados pelo Estado. Esta intervenção estatal na economia, tendência que na verdade vinha desde 1930, ganhava força com a criação de órgãos técnicos voltados para esse fim. Ganhava destaque também o estímulo à organização sindical em moldes corporativos, consoante os termos do art. 140,[68] uma das influências mais evidentes dos regimes fascistas então em vigor. Nesse mesmo sentido, o Parlamento e os partidos políticos, considerados produtos espúrios da democracia liberal, eram descartados. A Constituição previa a convocação de uma câmara corporativa com poderes legislativos, o que, no entanto, jamais aconteceu. A própria vigência da Constituição, segundo o seu artigo 187,[69] dependeria da realização de um plebiscito que a referendasse, o que também jamais foi feito.

Após a queda de Vargas e o fim do Estado Novo em outubro de 1945, foram realizadas eleições para a Assembleia Nacional Constituinte, em pleito paralelo à eleição presidencial. Eleita a Constituinte, seus membros se reuniram para elaborar o novo texto constitucional, que entrou em vigor a partir de setembro de 1946, substituindo a Carta de 1937.

---

[68] Art. 140 "A economia da produção será organizada em corporações, e estas, como entidades representativas das forças do trabalho nacional, colocadas sob a assistência e a proteção do Estado, são órgãos deste e exercem funções delegadas de Poder Público."

[69] Art. 187 – Esta Constituição entrará em vigor na sua data e será submetida ao plebiscito nacional na forma regulada em decreto do Presidente da República. (Vide Lei Constitucional nº 9, de 1945)

CAPÍTULO 8

A CONSTITUIÇÃO DE 1946 – PROMULGADA EM 18/09

Promulgada em 18 de setembro, por uma Assembleia Nacional Constituinte eleita (aprovada em 3 turnos e por dois terços dos votos nas duas Câmaras do Congresso), conjuntamente com o novo Presidente da República, o General Eurico Gaspar Dutra, a Constituição de 1946 restaurou a forma republicana de governo e a forma federativa de estado, que, apesar de também constarem do texto da constituição anterior, na prática haviam sido abolidas. Sofreu influência tanto de ideias liberais, herdadas da Constituição de 1981, quanto de ideais sociais estabelecidos na Constituição de 1934.

Em contraste com o diploma pretérito, apresentou um título nominado "Ordem Econômica e Social", demonstrando a preocupação com o estabelecimento de uma política econômica vinculada ao princípio do "bem-estar social", a exemplo do art. 147.[70] Somente a partir

---

[70] Art. 147 – O uso da propriedade será condicionado *ao bem-estar social.* A lei poderá, com observância do disposto no art. 141, §16, promover a *justa distribuição da propriedade, com igual oportunidade para todos.*

da Carta de 1946 a expressão justiça social foi cunhada, ao destacar os seus "princípios", mandava que fosse conciliada a "liberdade de iniciativa com a valorização do trabalho humano" nos termos do art. 145.[71] Completava-se este intuito constitucional, porém, com a consideração do "trabalho como obrigação social", ao mesmo tempo que o assegurava a todos, consoante § único do art. 145, parágrafo único. Além disso, o trabalhador começou a receber participação direta nos lucros da empresa, estabilidade, repouso semanal renumerado, entre outros.

O Estado Social se equilibrava com o Estado de Direito, retomando assim o prestígio compatível com a fase áurea na primeira Constituição Republicana. A Constituição de 1946 assegurava, pois, um Estado Social de Direito vazado na mais ampla tradição liberal dos juristas brasileiros.

Entretanto, a Constituição de 1946, a da Terceira República, por si só não poderia garantir os princípios expressos em seu texto, tomando o Poder Executivo ares imperiais de modo a hipertrofiar o Legislativo e o Judiciário, em razão da falta de transparência nas tomadas de decisão. Assim sendo, a sociedade entra em antagonismo com a Constituição. Diante disso, os militares, insatisfeitos com os rumos da "democracia brasileira", o movimento golpista foi ganhando força cada vez mais. A pretexto de defender a democracia, em 1964 consolida-se a revolução, revelando-se um país em poder dos militares de características eminentemente autoritárias e com grande incidência de atos institucionais.

---

[71] Art. 145 – A ordem econômica deve ser organizada conforme *os princípios da justiça social, conciliando a liberdade de iniciativa com a valorização do trabalho humano.*
Parágrafo único – A todos é assegurado trabalho que possibilite existência digna. O trabalho é obrigação social.

CAPÍTULO 9

A CONSTITUIÇÃO REPUBLICANA DE 1967 – SEMIOUTORGADA EM 24/07

A Constituição Brasileira de 1967 foi elaborada pelo Congresso Nacional, a que o Ato Institucional nº 4 atribuiu função de poder constituinte originário "ilimitado e soberano". O Congresso Nacional, transformado em Assembleia Nacional Constituinte e já com os membros da oposição afastados, elaborou, sob pressão dos militares, uma Carta Constitucional semioutorgada que buscou legalizar e institucionalizar o regime militar consequente do Golpe de 1964, elegendo, assim, o candidato único Marechal Costa e Silva para a Presidência da República.[72]

Teve como objetivo institucionalizar e legalizar o regime militar, aumentando o controle do Poder Executivo sobre o Legislativo e Judiciário e criando desta forma, uma hierarquia constitucional centralizadora. As emendas constitucionais que eram atribuições do Poder Legislativo,

---

[72] BRASIL. Constituição de 1967. Disponível em: http://www.planalto.gov.br/ccivil_03/constituicao/constituicao67.htm. Acesso em: 26.08.2016.

com o aval do Poder Executivo e Judiciário, passaram a ser iniciativas únicas e exclusivas dos que exerciam o Poder Executivo, ficando os demais relevados a meros espectadores das aprovações dos pacotes, como seriam posteriormente nominadas as emendas e legislações baixadas pelo Presidente da República.

Nesse sentido, o Professor Washington de Souza detalha: "O golpe militar de 31 de março de 1964 instituiu o autodefinido Governo Revolucionário. Pelo Ato Institucional nº 1, do comando revolucionário, foi consagrado o denominado poder constituído originário. Esta afirmativa doutrinária estabeleceu-se no Preâmbulo do Ato Institucional nº 12, ao declarar que 'a Revolução investe-se, por isso, no exercício do Poder Constituinte', legitimando-se a si mesma e que o seu Poder Constituinte não se exauriu, tanto é ele próprio do processo revolucionário. A partir daí foi editado Ato Institucional nº 4, de 7-12-1966, convocando o Congresso Nacional para, em reunião extraordinária, votar e promulgar o projeto de Constituição apresentado pelo Presidente da República e que se transformou na Constituição de 1967. Ainda pelo AI 4 ficava estabelecido que o Presidente da República, na forma do art. 3º do AI 2, podia baixar atos complementares extraordinários e decretos com força de lei sobre matéria administrativa e financeira".[73]

A Carta de 1967 inovou a técnica de tratamento da constituição econômica, passando a enumerar os "princípios em que se baseia a ordem económica e social",

---

[73] SOUZA, Washington Peluso Albino de. A experiência brasileira de Constituição Econômica. *R. Inf. Legisl.*, Brasília, v. 26, nº 102, abr./jun. 1989.

definiu o "fim" a atingir, como sendo o de "realizar a justiça social", conforme expresso no art. 157.[74]

9.1 O problema da legitimidade e a Emenda nº 1

A Emenda Constitucional de 1969, seguindo a mesma técnica, introduziu, ao lado da justiça social, também o "desenvolvimento nacional" (art. 160). Em suma, a justiça social sempre foi tratada em estreita ligação com a livre iniciativa e a dignidade da vida humana baseada no trabalho. Já o "desenvolvimento nacional" que surge na Carta de 1969 desloca-se para os "Princípios Fundamentais" gerais e não foi especificamente absorvido no título da "Ordem Econômica c Financeira", o que vale dizer, na "Constituição Econômica".[75]

A preocupação dessa legitimidade era de tal ordem que a Emenda de 1969 não foi considerada autonomamente pelos juristas. Assim é que Pontes de Miranda, examinando o texto de 1967 e a Emenda de 1969, manteve o título de seu importante estudo jurídico: Comentários a Constituição de 1967. Com a Emenda nº 1 de 1969. Isto é, a Constituição permaneceu como a de 1967, cujo sistema não foi alterado pela Emenda nº 1, embora esta tenha promovido algumas modificações no seu texto. O artigo 1º era bem claro ao dispor: A Constituição de 24 de janeiro de 1967 passa a vigorar com a seguinte redação (...) O poder de revisão ou de Emenda é limitado e parcial, pelo que, com esse

---

[74] Art. 157 – A ordem econômica tem por fim realizar a justiça social, com base nos seguintes princípios:

[75] SOUZA, Washington Peluso Albino de. A experiência brasileira de Constituição Econômica. *R. Inf. Legisl.*, Brasília, v. 26, nº 102, abr./jun. 1989.

fundamento jurídico, o Supremo Tribunal Federal decidiu reconhecer por unanimidade que a vigência era a da Carta de 1967 e não da Emenda nº 1 de 1969.

A Emenda Constitucional nº 1 de 1969 alterou profundamente a Constituição de 1967, sendo considerada por parte da doutrina como uma nova Constituição, inclusive com alteração da denominação, já que a Lei Maior de 1967 chamava-se Constituição do Brasil e a Emenda alterou para Constituição da República Federativa do Brasil.

CONCLUSÃO

Nesse complexo processo de análise do ordenamento econômico do Estado pode-se concluir que é preciso um cuidadoso trabalho de divulgação da elaboração do Planejamento econômico Estatal para que a população esteja devidamente inteirada (transparência), a fim de lhe proporcionar uma participação efetiva. Ademais, deve exigir dispositivos que evitem bloqueios à atuação das oposições, bem como colheita direta da opinião pública sobre cada verdadeiro objetivo de lei, livre de manipulações e de efeitos artificiais decorrentes de propaganda enganosa e de influências demagógicas, tão presentes na cultura política nacional.

Diante disso, versar sobre as políticas econômicas públicas pelo viés da obediência da Carta Magna é de fundamental importância nesses tempos atuais, em que se questiona o papel do Estado na economia e se valoriza a participação social. Portanto, dentro de um pensamento dialético e ciente que as Cartas Magnas foram alteradas em nome da regulação, no plano nacional, as políticas econômicas estatais contemporâneas devem seguir os ditames da Constituição a fim de possibilitar sua eficácia. Assim sendo, a participação dos sindicatos de trabalhadores, dos movimentos consumeristas, das associações ambientalistas e de entidades empresariais na elaboração, execução e contestação das normas de política econômica são primordiais na construção do

Estado e da Democracia, bem como na efetivação dos textos Constitucionais.

Mesmo os princípios da ordem econômica com programas normativos de menor densidade normativa (função social, por exemplo), encontram aplicações extremamente relevantes, não vislumbradas pelo legislador constituinte originário, numa autêntica mutação constitucional, de grande valia à permanência da Constituição enquanto diploma norteador da ordem econômica. Portanto, conclui-se que há aparente antinomia nas regras inseridas na Constituição econômica brasileira, já que prevê algumas medidas e princípios que poderão sistematizar o campo das atividades criadoras e lucrativas e reduzir desigualdades e anomalias diversas, na proporção em que as leis se convertam em instrumentos reais de correção das contradições de interesses privados.

Ademais, ou a burguesia nacional compreende o sentido das normas constitucionais e empreende a soberania econômica nacional, ou corre o risco de, numa outra etapa posterior, um novo constituinte assumir, em definitivo, a tese da desconexão que significa desvencilhar os critérios de racionalidade das escolhas econômicas internas daqueles que governam o sistema mundial. Pois, se a burguesia é incapaz de desconectar, e se só uma aliança popular deve e pode convencer-se que a desconexão é uma necessidade incontrolável de todo projeto de desenvolvimento popular, a dinâmica social deve conduzir a inscrever o projeto popular numa perspectiva para a qual não encontramos outro qualitativo senão o socialismo.

Por fim, é plenamente válido afirmar que a Constituição de 1988 não é capaz de, por si só, alterar a dura realidade de um país que quer superar os seus traumas, os seus problemas, os seus déficits de justiça. Tenta apresentar de qualquer forma uma moldura institucional, num quadro de valores e princípios, um universo de direitos para favorecer a emergência da transformação social, exacerbando-se *ipso facto* na tutela estatal de direitos, de forma a dificultar a fluência das relações entre os diversos vetores sociais. Se estabeleceu no texto constitucional extremamente prolixo, longo, uma gama de direitos trabalhistas que tendem a engessar o fomento pelo emprego formal, criando-se como corolário lógico uma horda de desempregados ou de trabalhadores transitando na informalidade. Este cenário aliado à elevada carga tributária nacional, também encampada pela Carta Magna, cria um vórtice de desestímulo justamente na ordem econômica, impedindo o País de se elevar de patamar nas ordens nacional e internacional. Há no Brasil uma significativa verborragia legislativa, com mais de quinze mil leis extravagantes na órbita infraconstitucional e consistente volatilidade na legislação tributária, criando-se uma trama burocrática que acaba por remeter ao Poder Judiciário as questões mais importantes da sociedade. Isso, com certeza, face ao despreparo do legislador, conduz os Tribunais Superiores a uma atuação de "common law" em sistema "civil law", e não raro *contra legem* e com autêntica invasão de competência. Os países de maior protagonismo no panorama mundial, como EUA (7º), França (108º), Alemanha (141º), Itália (139º), dentre outros, possuem uma Constituição não tão extensa quanto a brasileira (250º), permitindo que o próprio sistema econômico se ajuste de forma a possibilitar um relacionamento "gagnons/gagnons" entre os interessados. Frise-se que a constituição americana, por exemplo, foi alterada apenas vinte e sete vezes em mais de duzentos anos de existência, enquanto que a Carta brasileira já recebeu mais de oitenta emendas em trinta anos de vida. Isso é muito representativo do atraso do País e de suas instituições, notadamente o Poder Legislativo, que não apresenta um corpo de qualificação, que produza ações programáticas baseadas em estudos sérios que possam coletar os anseios sociais e colocá-los em prática de modo seguro e duradouro, conferindo assim segurança jurídica à sociedade e as empresas que compõem o mosaico da ordem econômica.

REFERÊNCIAS

BARACHO, José Alfredo de Oliveira. O princípio da subsidiariedade: conceito e evolução. *Cadernos de Direito Constitucional e Ciência Política*, nº 19.

BASTOS, Celso; MARTINS, Ives Gandra da Silva. *Comentários à Constituição do Brasil*. São Paulo: Saraiva, 2004. v. 7.

BOBBIO, Noberto. *O futuro da democracia*. Trad. Marco Aurélio Nogueira. 9. ed. Rio de Janeiro: Paz e Terra, 2004.

BONAVIDES. *Curso de Direito Constitucional*. 32. ed. atualizada até a EC nº 95, de 15.12.2016. São Paulo: Malheiros, 2017.

CLARK, Giovani. Política econômica e Estado. *In*: SOUZA, Wasington Peluso Albino de; CLARK, Giovani. *Questões polêmicas de direito econômico*. São Paulo: LTR, 2008.

CLÉVE, Clemerson Merlin. *Direito Constitucional Brasileiro; Constituições econômicas e sociais*. São Paulo: Revista dos Tribunais, 2014.

DERANI, Cristiane. Política pública e a norma política. *Revista da Universidade Federal do Paraná*, Curitiba, nº 41, p. 19-28, jul. 2004.

DINIZ, Arthur José Almeida. Direito Internacional público em crise. *Revista da Faculdade de Direito da UFMG*, Belo Horizonte, nº 46, p. 38-53, jan./jun. 2005.

FAORO, Raimundo. *Os donos do poder*. 10. ed. São Paulo: Globo; Publifolha, 2000.

FORGIONI, Paula. Princípios constitucionais econômicos e princípios constitucionais sociais. *Revista do Advogado*, São Paulo, nº 117, out. 2012.

GOUVEIA, Jorge Barcelar. *Manual de Direito Constitucional*. 5. Ed. Lisboa: Almedina, 2013, v. II.

GRAU, Eros Roberto. *A ordem econômica na Constituição de 1988*. 18. ed. revista e atualizada. São Paulo: Malheiros, 2017.

HORTA, Raul Machado. *Estudos de direito constitucional*. Belo Horizonte: DelRey, 1995.

HUBERMAN, Leo. *História da riqueza do homem*. Trad. Waltensir Dutra. 21. ed. Rio de Janeiro: Guanabara, 1986.

MIRANDA, Jorge. A interpretação da Constituição econômica. Separata do número especial do *Boletim da Faculdade de Direito de Coimbra* – Estudos em Homenagem ao Prof. Doutor Afonso Rodrigues Queiró, p. 1-13, 1986.

MIRANDA, Jorge. A nova Constituição brasileira. *Revista Brasileira de Direito Comparado*, Rio de Janeiro, v. 4, nº 8, p. 18-38, jan./jun. 1990.

MIRANDA, Jorge. A transição constitucional brasileira e o Anteprojeto da Comissão Afonso Arinos. *Revista de Informação Legislativa*, Separata, v. 24, nº 94, abr./jun. 1987.

MIRANDA, Pontes. *Comentários à Constituição de 1967 com Emenda nº 1 de 1969*. São Paulo: Revista dos Tribunais, 1971.

MORAES, Alexandre de. *Direito Constitucional*. 33. ed. revista e atualizada até a EC nº 95/16. São Paulo: Atlas, 2017.

MOREIRA, Vital. *A ordem jurídica do capitalismo*. 4. Ed. Lisboa: Caminho, 1987. (Colecção Universitária, 21).

MOREIRA, Vital. *Economia e Constituição*. Coimbra: Editora Coimbra, 1974.

MIRANDA, Jorge. *Manual de direito constitucional*. 4. ed. Coimbra: Editora Coimbra, 1990, t. 1, p. 138.

NATOLI, *Limiti constituzionali dell'autonomia privada nel rapporto di lavoro*. Milano: Giuffrè, 1952.

PILATTI, Adriano. *A Constituinte de 1987-1988*. Progressistas, conservadores, ordem econômica e as regras do jogo. Rio de Janeiro: Lumen Juris, 2008.

REMICHE, Bernard *et al*. Direito Econômico, mercado e interesse geral. Trad. Jorge Pinheiro. *In*: *Filosofia do direito e direito econômico*: que diálogo. Lisboa: Instituto Piaget, 1999.

SOUZA, Washington Peluso Albino de. A experiência brasileira de Constituição Econômica. *R. Inf. Legisl.*, Brasília, v. 26, nº 102, abr./jun. 1989.

TAVARES, André Ramos. *Direito Econômico constitucional*. 2. ed. São Paulo: Método, 2006.

SILVA, José Afonso da. *Curso de Direito Constitucional Positivo*. 40. ed. revista e atualizada até a EC nº 95 de 15.12.2016). São Paulo: Malheiros, 2017.

WOLKMER, Antônio Carlos. Estados, elites e construção do Direito nacional. *In*: *Historia do Direito no Brasil*. Rio de Janeiro: Forense, 2000. Disponível em: http://historia-direito-ufpr.blogspot.com.br/2008/10/wolkmer-antnio-carlos-estados-elites-e.html. Acesso em: 22.08.2017.

LEGISLAÇÃO

ASSEMBLEIA NACIONAL CONSTITUINTE. Diário da Assembleia Nacional Constituinte (suplemento), Disponível em: <http://www.senado.gov.br/publicacoes/anais/constituinte/9b%20%20SISTEMATIZA%C3%87%C3%83O.pdf>. Acesso em: 29.08.2017.

BRASIL, Constituição de 1824, Disponível em: <http://www.planalto.gov.br/ccivil_03/constituicao/constituicao91.htm>. Acesso em: 25.08.2017.

BRASIL. Constituição de 1891. Disponível em: <http://www.planalto.gov.br/ccivil_03/constituicao/constituicao91.htm>. Acesso em: 25.08.2017.

BRASIL. Constituição de 1934. Disponível em: <http://www.planalto.gov.br/ccivil_03/constituicao/constituicao34.htm>. Acesso em: 29.08.2017.

BRASIL. Constituição de 1937. Disponível em: <http://www.planalto.gov.br/ccivil_03/constituicao/constituicao37.htm>. Acesso em: 25.08.2016.

BRASIL. Constituição de 1946. Disponível em: <http://www.planalto.gov.br/ccivil_03/constituicao/constituicao46.htm>. Acesso em: 25.08.2017.

BRASIL. Constituição de 1967. Disponível em: <http://www.planalto.gov.br/ccivil_03/constituicao/constituicao67.htm>. Acesso em: 26.08.2016.

BRASIL. Constituição de 1988. Disponível em: <http://www.planalto.gov.br/ccivil_03/constituicao/constituicao.htm>. Acesso em: 29.08.2017.

Esta obra foi composta em fonte Palatino Linotype, corpo 10
e impressa em papel Pólen Bold 70g (miolo) e Supremo 250g (capa)
pela Laser Plus Gráfica, em Belo Horizonte/MG.